SUPERE O NÃO

WILLIAM URY

Cofundador do Programa de Negociação de Harvard

SUPERE O NÃO

Como negociar com pessoas difíceis

Tradução: Cristina Yamagami

Benvirá

Copyright © William Ury, 1991

Título original: *Getting Past No – Negotiating in Difficult Situations*

Preparação Maria Silvia Mourão Netto
Revisão Maurício Katayama
Diagramação Claudirene de Moura Santos Silva
Capa Deborah Mattos
Imagem de capa iStock/GettyImagesPlus/SergeyChayko
Impressão e acabamento Gráfica Paym

Dados Internacionais de Catalogação na Publicação (CIP)
Angélica Ilacqua CRB-8/7057

Ury, William
   Supere o não: como negociar com pessoas difíceis
/ William Ury; tradução de Cristina Yamagami. – São
Paulo: Benvirá, 2019.
   232 p.

   Bibliografia
   ISBN 978-85-5717-165-7
   Título original: *Getting Past No – Negotiating in Difficult
Situations*

   1. Negociação I. Título II. Yamagami, Cristina

19-1825	CDD 158.5
	CDU 658.012.2

Índices para catálogo sistemático:
1. Negociação

1ª edição, setembro de 2019 | 5ª tiragem, março de 2024

Nenhuma parte desta publicação poderá ser reproduzida por qualquer meio ou forma sem a prévia autorização da Saraiva Educação. A violação dos direitos autorais é crime estabelecido na lei n. 9.610/98 e punido pelo artigo 184 do Código Penal.

Todos os direitos reservados à Benvirá, um selo da Saraiva Educação.
Av. Paulista, 901, 4º andar
Bela Vista - São Paulo - SP - CEP: 01311-100

SAC: sac.sets@saraivaeducacao.com.br

CÓDIGO DA OBRA 646120   CL 670904   CAE 662460   OP 233137

Para Roger Fisher,
com gratidão

SUMÁRIO

Prefácio à edição brasileira 9

Nota do autor, quinze anos depois 13

Parte I | Prepare-se 19

Apresentação: Supere as barreiras à cooperação 21

Prólogo: A importância da preparação 34

Parte II | Use a estratégia para
superar barreiras 51

1. Não reaja: Suba ao camarote 53

2. Não discuta: Passe para o lado do oponente 77

3. Não rejeite: Mude a perspectiva 105

4. Não force: Construa uma ponte dourada 140

5. Não intimide: Use o poder para instruir 170

Conclusão: Como transformar os oponentes
em parceiros 203

Apêndice: Planilha de preparação 219

Agradecimentos 221

Índice analítico 224

Notas 229

PREFÁCIO À EDIÇÃO BRASILEIRA

Talvez não exista uma competência mais importante ao sucesso hoje em dia do que a negociação.

De uma maneira ou de outra, somos todos negociadores. E isso é algo que começa logo pela manhã, com a sua família. Quem vai arrumar a casa? Quem fica responsável pelas finanças familiares? O processo de ida e vinda da comunicação, tentando chegar a um acordo, prossegue também no trabalho, com colegas, sócios, chefes e funcionários. Também negociamos com clientes e fornecedores, com bancos e autoridades do governo e, não menos importante, com nós mesmos. De certa forma, nós nos envolvemos em negociações desde a hora em que acordamos até a hora em que vamos dormir.

Pense por um momento nas dez decisões mais importantes que você teve de tomar no último ano, seja no trabalho ou em casa. Quantas delas você pôde tomar por conta própria, de forma unilateral? E quantas delas foram traçadas junto com outras pessoas, por meio de um processo de tomada de decisão conjunta ou, em outras palavras, por meio da negociação? Se o seu dia a dia é parecido com o da maioria das pessoas a quem fiz essas perguntas, sua resposta provavelmente será que boa parte de suas decisões importantes foram alcançadas por meio da negociação. Em suma, a negociação se tornou o principal processo para a tomada de decisões – seja em casa, no trabalho ou na sociedade.

Mas negociar nem sempre é fácil. Muitas vezes nos vemos diante de emoções difíceis, posições inflexíveis, insatisfações profundas e acentuados desequilíbrios de poder. Basta olhar ao redor ou assistir ao noticiário para perceber como a negociação pode ser desafiadora. Pense em quanta intimidação destrutiva há em rixas familiares, processos judiciais intermináveis, greves, conflitos em conselhos de diretoria, brigas políticas e guerras sem fim. Na falta de um bom processo, perdem-se inúmeras oportunidades de alcançar soluções melhores para ambos os lados.

Mais do que nunca, diante dos desafios do século 21, precisamos aprender a conviver uns com os outros e a cooperar. Embora a negociação como um processo de tomada de decisão exista desde o início da história da humanidade, ela nunca foi tão essencial para nossa vida. Nosso futuro – e o futuro de nossos filhos e netos – depende de aprendermos a mudar o jogo básico da negociação, deixando de lado o confronto entre adversários e buscando a resolução conjunta de problemas – e, em vez de atacar o oponente, atacar o problema em conjunto. Este livro é sobre isso. Ele oferece um comprovado método de negociação, baseado em anos de pesquisas e experiência profissional, para transformar difíceis situações de conflito – aparentemente impossíveis de resolver – em acordos satisfatórios.

O campo da negociação ainda está em fase de desenvolvimento. Precisamos de inovação no software da negociação assim como precisamos no hardware da tecnologia. Acredito que os brasileiros têm muito a contribuir para o desenvolvimento futuro desse campo. Com sua típica flexibilidade e sua abordagem inclusiva, a cultura brasileira tem tudo a ver com a negociação. No Brasil, pessoas de diferentes etnias e religiões convivem incrivelmente bem, e o resto do mundo tem muito a aprender com elas. Como nação, o Brasil tem um papel vital a exercer na política global, sendo uma força potencial de paz e justiça.

Pessoalmente, sou muito grato pela minha conexão com o Brasil e por tudo o que aprendi.

Espero que este livro seja útil para você em todas as suas negociações – seja no âmbito profissional, pessoal ou em sua comunidade. Meu desejo é que você seja bem-sucedido em superar o não... e chegar ao sim!

WILLIAM URY
Boulder, Colorado
Julho de 2019

NOTA DO AUTOR, QUINZE ANOS DEPOIS

Já se passaram quinze anos desde o lançamento da primeira edição de *Supere o não*. O mundo mudou bastante, mas os princípios e métodos apresentados neste livro para lidar com pessoas e situações difíceis continuam tão atuais e necessários como sempre.

As negociações têm se tornado cada vez mais importantes e onipresentes. Podemos dizer que, há mais ou menos uma ou duas gerações, a maioria das decisões era tomada hierarquicamente. As pessoas no topo da hierarquia davam as ordens e as pessoas mais abaixo se limitavam a cumpri-las. Mas essa situação está mudando. Hoje em dia, em todas as esferas – seja em nossa vida familiar, no trabalho e na política –, a negociação está se tornando a principal maneira de tomar decisões. Trata-se de um fenômeno global que chamo de "Revolução da Negociação".

No entanto, não é fácil negociar. Na verdade, no nosso mundo de hoje, conectado em rede, o número de dificuldades, disputas e conflitos nunca foi tão grande. Os conflitos constituem um setor em crescimento – e, naturalmente, o mesmo pode ser dito das negociações difíceis. Talvez não seja surpresa saber que o interesse pelos métodos de negociação descritos neste livro continua crescendo.

Muitas pessoas me perguntam como minhas ideias sobre negociação evoluíram desde que escrevi a primeira edição de *Supere o não*. Eu mudaria muito pouco, ou nada, neste livro, que continua tão atual quanto antes, mas acabei de escrever um novo livro sobre negociação que fala, curiosamente, de como dizer não de maneira positiva e construtiva. Desse modo, pode ser interessante fazer algumas observações sobre como vejo a relação entre os três livros que escrevi, sozinho ou em colaboração, a respeito da negociação, começando com *Como chegar ao sim*.

O livro *Como chegar ao sim* faz 25 anos este mês. Roger Fisher e eu o escrevemos para ajudar os leitores a lidar com os conflitos mais polêmicos e para atender à crescente necessidade das pessoas de negociar de maneira cooperativa em casa, no trabalho e na vida em geral. Um grande número de leitores ao redor do mundo continua se beneficiando dele.

Dez anos depois da publicação de *Como chegar ao sim*, escrevi *Supere o não*, em resposta a uma das perguntas que os leitores do primeiro livro mais me faziam: "Tudo bem, eu quero chegar ao sim, mas e se o outro lado disser não? E se a outra pessoa simplesmente *não quiser* cooperar?". As pessoas querem saber como conquistar e manter a cooperação diante dos obstáculos aparentemente insuperáveis que todos nós enfrentamos no dia a dia: ataques e contra-ataques, raiva e desconfiança, hábitos arraigados de negociação inflexível, interesses aparentemente irreconciliáveis e tentativas de vencer a negociação pela intimidação e por meio de jogos de poder.

Supere o não é um resumo do que aprendi ao longo de muitos anos, com base em minhas próprias experiências atuando como negociador e mediador em uma ampla gama de empresas, situações políticas e interpessoais e também com base na observação sistemática dos melhores negociadores nessas diferentes esferas. Não faltam boas técnicas de negociação, mas muitos têm dificuldade de se lembrar delas numa situação acalorada. Foi por isso que, neste livro, tentei organizar as melhores técnicas em uma estratégia de cinco etapas que chamo de *negociação para superar barreiras*, um conceito que pode ser usado em todas as situações. Essa estratégia representa minha melhor resposta para a questão de como conquistar a cooperação das pessoas num mundo em que as diferenças parecem cada vez maiores.

Meu livro mais recente é *O poder do não positivo*, cujo subtítulo é *Como dizer não e ainda chegar ao sim*. Eu o escrevi em resposta a outro "setor em crescimento": o aumento astronômico das demandas impostas a todos nós nesta era de sobrecarga e excesso de trabalho, de um fluxo constante e infinito de e-mails e de posturas de ética duvidosa.

Embora, à primeira vista, seja possível achar que é um contrassenso ensinar a dizer não e a superar o não, a verdade é que os princípios de *O poder do não positivo* e de *Supere o não* são absolutamente coerentes e complementares. Além disso, também estão de acordo com os princípios apresentados em *Como chegar ao sim*.

Como chegar ao sim mapeia o caminho para chegar ao sim ou, em outras palavras, a um acordo mutuamente satisfatório. Já *Supere o não*, o livro que você tem em mãos, ensina como ultrapassar os obstáculos que o separam do sim. Afinal, nós nos deparamos com pessoas e situações difíceis todos os dias. *O poder do não positivo*, por sua vez, ensina como dizer não em situações nas quais é fundamental se defender e proteger seus interesses e valores mais importantes. Porém, não é só uma questão de dizer não; é preciso fazê-lo de uma maneira respeitosa e construtiva, que possa levar a um acordo. Como o subtítulo indica, a ideia é dizer não e ainda chegar ao sim.

No fundo, o objetivo de todos os meus livros é ensinar a chegar ao sim. Todos nós vivenciamos várias vezes ao dia a dança da negociação, a dança do sim e do não. Em algumas situações, estamos no papel da pessoa que diz não; em outras, estamos no papel da pessoa que tenta superar o não. Assim como uma boa dança requer que os dois dançarinos deem o melhor de si, e como os melhores jogos esportivos só acontecem quando os dois times se empenham ao máximo, o mesmo acontece com a negociação. As soluções são mais satisfatórias e os relacionamentos são melhores quando os dois lados fazem o máximo para resolver os problemas e as diferenças entre si.

Assim, embora seja possível ler os três livros isoladamente, no fundo eles são complementares. Para mim, compõem uma trilogia sobre as habilidades necessárias para qualquer negociação na vida. Se todos nós entrarmos nas negociações abertos à possibilidade de chegar ao sim e aprendermos a dizer não quando necessário e a superar o não quando possível, seremos mais felizes e mais prósperos, e o mundo será um lugar melhor.

Gostaria de encerrar dizendo que é um enorme prazer aplicar o método de cinco etapas descrito em *Supere o não* e testemunhar milhares de pessoas usando-o com sucesso há tantos anos. Desejo a você, leitor, muito sucesso em suas negociações. Que esse método para superar o não seja de grande ajuda para você, para as pessoas de seu convívio e para nosso mundo!

WILLIAM URY
Boulder, Colorado
Setembro de 2006

PARTE I

PREPARE-SE

APRESENTAÇÃO:
SUPERE AS BARREIRAS À COOPERAÇÃO

"A diplomacia é a arte de deixar que o outro faça o que *você* quer."
— *Daniele Varè, diplomata italiano*

Todos nós negociamos diariamente. Passamos boa parte de nosso tempo tentando chegar a um acordo com as pessoas. Podemos até tentar negociar com base na cooperação, mas não raro saímos frustrados. Queremos chegar ao sim, mas muitas vezes a resposta que recebemos é "não".

Pense em um dia qualquer: no café da manhã, você discutiu com seu marido ou sua esposa sobre a compra de um carro novo. Você acha que já está na hora, mas seu cônjuge diz: "Que idiotice! Você sabe que não podemos bancar um carro novo agora".

Você chega ao trabalho para uma reunião com sua chefe. Apresenta uma proposta meticulosamente preparada para um novo projeto, mas sua chefe o interrompe depois de um minuto e diz: "Já tentamos fazer isso e não deu certo. Próximo assunto".

Na hora do almoço, você vai à loja devolver uma torradeira com defeito, mas o vendedor se recusa a fazer o reembolso porque você não levou a nota fiscal: "É a política da loja", ele diz.

À tarde você leva um contrato, já revisto pelas duas partes, só para o cliente assinar. Você já anunciou o acordo aos colegas e tomou as providências necessárias com o pessoal de produção, mas o cliente diz: "Sinto muito. Meu chefe disse que só vai fazer a compra se vocês nos derem um desconto de 15%".

À noite, você precisa retornar alguns telefonemas, mas sua filha de 13 anos está usando seu celular. Exasperado, você diz: "Me dê o celular!". A garota grita do quarto: "Por que você não compra um aparelho só para mim? Todas as minhas amigas têm um!".

Nós enfrentamos negociações difíceis o tempo inteiro, seja com um parceiro irritado, um chefe dominador, um vendedor inflexível, um cliente ardiloso ou um adolescente impossível. Em situações de estresse, até pessoas gentis e sensatas podem se transformar em oponentes irados e intratáveis. As negociações podem chegar a um impasse, consumindo nosso tempo, nos fazendo perder o sono à noite e nos causando úlceras.

Para dar uma definição ampla, uma negociação é o processo de comunicação de mão dupla que visa chegar a um acordo com o outro lado quando alguns interesses são compartilhados e alguns são conflitantes. A negociação não se restringe a uma reunião formal para discutir uma questão controversa. É a atividade informal na qual você se envolve sempre que tenta conseguir de alguém algo que você quer.

Pare um pouco e pense em como você toma decisões importantes na sua vida, aquelas decisões que mais afetam seu desempenho no trabalho e sua satisfação em casa. Quantas dessas decisões você pode tomar sozinho e quantas precisam ser negociadas com outras pessoas? A maioria das pessoas a quem faço essa pergunta responde: "Preciso negociar para tomar quase todas as decisões". A negociação é a principal forma de tomada de decisão na nossa vida pessoal e profissional.

E, cada vez mais, ela tem sido o principal meio de tomar decisões na esfera pública. Mesmo que não participemos pessoalmente da discussão, nossa vida é afetada pelo resultado dela. Quando as negociações entre o conselho escolar e o sindicato dos professores não dão em nada e os professores entram em greve, nossos filhos acabam ficando em casa em vez de ir à escola. Quando as negociações entre nossa empresa e um grande cliente potencial chegam a um impasse e nossa empresa vai à falência, podemos perder o emprego. Quando as discussões entre o governo e seus adversários chegam a um beco sem saída, o resultado pode ser uma guerra. Em resumo, nossa vida é pautada pelo resultado das negociações.

A resolução conjunta de problemas

Todos nós podemos ser negociadores, mas nem todo mundo gosta de negociar. Vemos a negociação como um confronto estressante. Ficamos diante de uma escolha incômoda. Se somos flexíveis demais porque queremos preserver o relacionamento, acabamos abrindo mão do que queremos. Se somos inflexíveis a fim de conquistar o que queremos, corremos o risco de perder o relacionamento.

No entanto, existe uma alternativa entre esses dois extremos: a resolução conjunta de problemas. Essa abordagem não é nem totalmente flexível nem totalmente inflexível, mas uma combinação dessas duas características. *É flexível com as pessoas e inflexível com o problema.* Em vez de atacarem um ao outro, vocês se unem para atacar juntos o problema. Em vez de cada um ficar de um lado da mesa, vocês se sentam um ao lado do outro e enfrentam o problema em comum. Em resumo, vocês transformam um confronto cara a cara em uma resolução de problemas lado a lado. Esse é o tipo de negociação que Roger Fisher e eu descrevemos em nosso livro *Como chegar ao sim*.

A resolução conjunta de problemas baseia-se nos *interesses*, e não em posições. Vocês começam identificando os interesses de cada um, as preocupações, as necessidades, os temores e os desejos que fundamentam e motivam suas posições opostas. Em seguida, vocês exploram diferentes opções que podem satisfazer esses interesses. O objetivo é chegar a um acordo satisfatório para os dois lados de maneira eficiente e amigável.

Se você quer uma promoção e um aumento, por exemplo, e seu chefe diz que não tem verba para isso, a negociação não para por aí. Ela se transforma em um exercício de resolução conjunta de problemas. Seu chefe pergunta sobre seus interesses, que podem ser pagar a escola dos filhos e se desenvolver profissionalmente. Juntos, vocês pensam em como satisfazer esses interesses sem estourar o orçamento. Você pode acabar concordando com novas responsabilidades no trabalho, um empréstimo da empresa e a promessa de um aumento no ano que vem para poder pagar o empréstimo. Com isso, vocês conseguem preservar tanto os seus interesses quanto os de sua empresa.

A resolução conjunta de problemas pode levar a resultados melhores para os dois lados. Essa abordagem poupa tempo e energia, deixando de fora todo o "teatro" de dissimulação e pavoneamento. E, em geral, leva a relacionamentos melhores e a benefícios mútuos no futuro.

As cinco barreiras à cooperação

Segundo os céticos, isso tudo é muito fácil de dizer, mas difícil de fazer. Para eles, os princípios da resolução conjunta de problemas são como os votos matrimoniais de apoio mútuo e fidelidade: sem dúvida, levam a relacionamentos mais satisfatórios, mas são difíceis de aplicar no mundo real, cheio de tensões e pressões, tentações e tormentas.

No começo, você pode até tentar convencer seu oponente a resolver o problema com você, mas no fim é comum vocês acabarem em um confronto direto. É muito fácil ser arrastado a uma feroz batalha emocional e cair na velha rotina de adotar posições inflexíveis ou deixar o outro lado se aproveitar de você.

No mundo real, algumas barreiras dificultam a cooperação. As cinco barreiras mais comuns são:

Sua reação. A primeira barreira está em você. Os seres humanos são máquinas de reação. Quando você está sob pressão, dá de cara com um não ou sente que está sendo atacado, é natural querer revidar. Normalmente, essa postura só perpetua o ciclo de ação e reação que leva os dois lados a sair perdendo. Outra situação é quando você reage impulsivamente, abrindo mão do que quer só para concluir logo a negociação e preservar o relacionamento. Você sai perdendo e, tendo demonstrado sua fraqueza, vira uma presa mais fácil para ser explorado pelas pessoas. Desse modo, os problemas que você pode enfrentar em uma negociação não envolvem só o comportamento difícil do outro lado, mas também sua própria reação, que pode facilmente perpetuar esse comportamento.

As emoções do oponente. A próxima barreira é composta das emoções negativas do outro lado. Os ataques do oponente podem ser motivados por raiva e hostilidade. As posições inflexíveis podem se basear em medo e desconfiança. Convencido de que está certo e você está errado, ele pode se recusar a ouvir. Dividindo o mundo em vencedores e perdedores, ele pode se achar no direito de usar táticas negativas.

A posição do oponente. Na resolução conjunta de problemas, você e o outro lado encaram o problema e tentam resolvê-lo juntos. Uma barreira que você pode encontrar é o comportamento do oponente baseado numa posição, ou seja, o hábito da pessoa de cravar a bandeira numa posição inflexível e tentar convencê-lo a ceder. Acontece muito de o oponente desconhecer outra maneira de negociar. Ele só está usando as táticas convencionais de negociação que aprendeu desde a infância. Na visão dele, a única alternativa é *ele* ceder, o que ele certamente não quer fazer.

A insatisfação do oponente. Seu objetivo até pode ser chegar a um acordo mutuamente satisfatório, mas você pode descobrir que o outro lado não tem interesse algum nesse resultado. Talvez ele não entenda *como* pode se beneficiar disso. Mesmo se você puder satisfazer os interesses do oponente, ele pode ter medo de sair desacreditado caso tenha de recuar. E, se foi *você* quem teve a ideia, ele pode rejeitá-la só por essa razão.

O poder do oponente. Por fim, se o oponente vir a negociação como uma proposta do tipo ganha-perde, ele vai fazer de tudo para derrotar você. Ele pode se orientar pelo preceito "o que é meu é meu; o que é seu é negociável". Afinal, se ele pode conseguir o que quer usando jogos de poder, por que deveria cooperar com você?

Para superar o não, é preciso romper todas essas cinco barreiras à cooperação: sua reação, as emoções do oponente, a posição do oponente, a insatisfação do oponente e o poder do oponente. É fácil acreditar que manter posições inflexíveis, atacar e usar truques fazem parte da natureza do oponente e que você não tem muito o que fazer para mudar esse comportamento difícil. Mas saiba que você tem como afetar esse comportamento, se conseguir lidar com as causas deles.

A estratégia para superar barreiras

Este livro apresenta uma estratégia de cinco etapas para superar cada uma dessas cinco barreiras. Chamo essa abordagem de *negociação para superar barreiras*.

O barco a vela é uma boa analogia para explicar essa estratégia. Na vela, é muito raro chegar a seu destino avançando em linha reta. No caminho em direção a seu objetivo, você enfrentará ventos fortes e marés, recifes e bancos de areia, tempestades e temporais. Para chegar aonde quer, você precisa avançar em zigue-zague.

O mesmo pode ser dito da negociação. O destino desejado é um acordo mutuamente satisfatório. O caminho direto – focar primeiro os interesses e depois elaborar opções que satisfaçam esses interesses – parece simples e fácil. Mas, na vida real, que envolve reações e emoções fortes, posições inflexíveis, grandes insatisfações e agressões, muitas vezes não é possível chegar a um acordo mutuamente satisfatório pelo caminho direto. Em vez disso, para superar o não, você precisa navegar usando uma rota indireta.

A base da estratégia para superar barreiras é a *ação indireta*. Essa abordagem requer que você faça o contrário do que naturalmente faria em situações difíceis. Quando o outro lado mantém uma posição inflexível ou parte para o ataque, você pode ter o impulso de reagir na mesma moeda. Diante da hostilidade, pode querer discutir. Diante de posições que considera absurdas, pode querer rejeitar a negociação. Diante da intransigência, pode querer forçar sua posição. Diante da agressão, pode querer usar seu poder para intimidar o oponente. Mas você sempre acaba frustrado, jogando o jogo do oponente e seguindo as regras *dele*.

A maior oportunidade que você tem em uma negociação é *mudar o jogo*. Em vez de jogar seguindo as regras do oponente, faça com que ele siga as *suas* regras: a resolução conjunta de problemas. O grande jogador japonês de beisebol Sadaharu Oh revelou seu segredo para bater *home runs*. Ele disse que via o arremessador adversário como um *parceiro* que, a cada arremesso, lhe dava a oportunidade de bater um *home run*. Os melhores negociadores fazem o mesmo: tratam o outro lado como parceiros de negociação que lhes apresentam uma oportunidade de chegar a um acordo mutuamente satisfatório.

Assim como nas artes marciais japonesas do judô, jiu-jitsu e aikido, a ideia é não aplicar sua força diretamente contra a força do oponente. Como as tentativas de superar a resistência do oponente em geral só a intensificam, é melhor tentar contornar a resistência de outra forma. É assim que as barreiras são superadas para atingir um acordo mutuamente satisfatório.

A negociação para superar barreiras é o contrário de impor sua posição ao oponente. Em vez de forçar a adoção de uma ideia de fora para dentro, você o incentiva a adotá-la de dentro para fora. Em vez de dizer ao oponente o que fazer, você deixa que ele descubra por conta própria. Em vez de pressioná-lo a mudar de ideia, você cria um ambiente no qual ele pode aprender. Só ele pode superar a própria resistência, e cabe a *você* ajudá-lo.

A resistência do oponente à resolução conjunta de problemas resulta das cinco barreiras já descritas. Cabe a você eliminar as barreiras existentes entre o não do oponente e o sim de um acordo mutuamente satisfatório. Cada uma das cinco barreiras é superada por uma etapa da estratégia:

Etapa 1. Como a primeira barreira é a sua reação imediata, o primeiro passo envolve refrear essa reação. Para resolver os problemas com o outro lado, você precisa recuperar seu equilíbrio mental e manter-se concentrado em chegar ao destino desejado. Para conseguir enxergar a situação de outra perspectiva, uma forma interessante é imaginar-se em um camarote, olhando lá de cima para a sua negociação. A primeira etapa da estratégia para superar barreiras é *subir ao camarote*.

Etapa 2. A próxima barreira a ser superada são as emoções negativas do oponente, como defensividade, medo, suspeita e hostilidade. É muito fácil entrar em uma briga, mas você precisa resistir a essa tentação. Assim como recuperou seu equilíbrio mental, você precisa ajudar o outro lado a fazer o mesmo. Para criar uma situação propícia à resolução conjunta de problemas, é necessário neutralizar as emoções negativas do oponente. Para tanto, você deve fazer o contrário do que ele espera. Ele espera que você se comporte como um adversário. Em vez disso, você deve se posicionar ao lado dele, ouvir o que ele tem a dizer, reconhecer os argumentos e sentimentos, concordar com eles e demonstrar respeito. Se quiser ficar ao lado da outra parte para que vocês dois enfrentem juntos o problema, você precisará *passar para o lado do oponente*.

Etapa 3. Nessa etapa, a ideia é resolver juntos o problema. Mas não é fácil fazer isso quando o outro lado se recusa a abrir mão de sua posição e tenta fazer com que você ceda. É natural querer rejeitar a posição do oponente, mas isso só o levará a resistir ainda mais. Por isso, o melhor é fazer o contrário. Aceite o que ele tem a dizer e mude a perspectiva para tentar lidar com o problema. Por exemplo, coloque-se na posição do oponente e investigue as causas dessa posição: "Fale um pouco mais sobre isso. Me ajude a entender *por que* você quer isso". Aja como se ele fosse um parceiro sinceramente interessado em resolver o problema. Desse modo, a terceira etapa da estratégia para superar barreiras é *mudar a perspectiva*.

Etapa 4. Você pode ter conseguido envolver o outro lado na resolução conjunta de problemas, mas vocês ainda podem estar longe de chegar a um acordo mutuamente satisfatório. O outro lado pode estar insatisfeito, sem ter se convencido dos benefícios do acordo. Você pode ter o impulso de forçar a situação, o que só aumentará a resistência do oponente. Por isso, faça o contrário. Nas palavras de um sábio chinês, "construa uma ponte dourada" entre a posição do oponente e uma solução mutuamente satisfatória. Você precisa fazer a ponte entre os interesses dele e os seus. A ideia é ajudá-lo a manter as aparências e fazer com que o resultado pareça uma vitória para ele. A quarta etapa, então, é *construir uma ponte dourada*.

Etapa 5. Mesmo com todo o seu empenho, o outro lado ainda pode se recusar a cooperar, acreditando que pode derrotá-lo no jogo de poder. Nesse ponto, você pode ter o impulso de usar seu próprio poder para intimidar o oponente. Mas ameaças e coerções podem sair pela culatra, levando a batalhas custosas e fúteis. A alternativa é usar o poder não para intimidar, mas para instruir. Reforce seu poder de negociação e use-o para trazer o oponente de volta ao acordo. Mostre que ele não tem como vencer sozinho e que só pode sair ganhando se resolver o problema junto com você. A quinta etapa é *usar o poder para instruir*.

O OBJETIVO: Resolução conjunta de problemas	Barreiras à cooperação	ESTRATÉGIA: Negociação para superar barreiras
• Sentar lado a lado com as pessoas	• Sua reação • As emoções do oponente	• Suba ao camarote • Passe para o lado do oponente
• Encarar o problema	• A posição do oponente	• Mude a perspectiva
• Chegar a um acordo mutuamente satisfatório	• A insatisfação do oponente • O poder do oponente	• Construa uma ponte dourada • Use o poder para instruir

A sequência das etapas é importante. Não é possível neutralizar as emoções negativas do outro lado antes de controlar as suas. É difícil construir uma ponte dourada antes de mudar o jogo na direção de uma resolução de problemas em conjunto. Isso não significa, porém, que uma vez que você tenha subido ao camarote essa etapa possa ser dada como concluída. Pelo contrário, você terá que continuar subindo ao camarote no decorrer de toda a negociação. E, quando perceber que o outro lado voltou a ficar com raiva ou frustrado, você deve continuar passando para o lado dele. O processo é como uma sinfonia, na qual os diferentes instrumentos entram em sequência e tocam no decorrer da peça toda.

A negociação para superar barreiras pode ser usada com qualquer pessoa – um chefe irritadiço, um adolescente temperamental, um colega hostil, um cliente impossível.

Pode ser usada por diplomatas que estão tentando evitar uma guerra, por advogados que querem evitar uma dispendiosa batalha judicial ou por parceiros em busca de manter um casamento.

Como cada pessoa e cada situação é diferente, você precisará adaptar os cinco princípios ao que você sabe sobre a pessoa e a situação, a fim de criar a estratégia adequada. Não existe uma receita mágica para garantir seu sucesso em todas as negociações. No entanto, com paciência, persistência e a estratégia para superar barreiras, você poderá maximizar suas chances de conseguir o que quer, mesmo nas negociações mais difíceis.

Os capítulos a seguir explicam as cinco etapas para superar barreiras e apresentam técnicas específicas para utilizá-las, ilustrando sua aplicação com exemplos concretos. Mas, antes, é importante falarmos sobre um fator fundamental para uma negociação eficaz: a preparação.

PRÓLOGO[1]
A IMPORTÂNCIA DA PREPARAÇÃO

Certa vez, perguntei a lorde Caradon, um diplomata britânico, qual foi a lição mais valiosa que ele aprendeu durante sua longa e admirável atuação no governo. "Aprendi a lição mais valiosa no início da minha carreira", ele respondeu, "quando fui enviado ao Oriente Médio para trabalhar como assistente de um administrador da região. Meu chefe visitava um vilarejo diferente a cada dia, e o trabalho dele era resolver disputas e outras questões prementes. Assim que ele chegava a um vilarejo, o caos se instalava, pois as pessoas o cercavam com pedidos e lhe ofereciam um café. E isso durava até a hora de partir, no fim do dia. Nessa situação, ele poderia facilmente perder seus objetivos de vista, mas isso só não acontecia por conta de um simples hábito.

"Pouco antes de entrar no vilarejo de manhã, ele parava o jipe na estrada e perguntava: 'Quando formos embora ao fim do dia, o que queremos ter realizado?'. Nós respondíamos juntos à pergunta e entrávamos no vilarejo.

Quando saíamos de lá, ele voltava a parar o jipe na estrada e perguntava: 'E aí? Nós conseguimos? Fizemos o que nos propusemos a fazer?'".

Aquele simples hábito foi a lição mais valiosa que Caradon aprendeu. Antes de cada reunião, prepare-se. Depois de cada reunião, avalie seu progresso, adapte sua estratégia e volte a se preparar. O segredo de uma boa negociação é bem simples: prepare-se, prepare-se e prepare-se.

A maioria das negociações é vencida ou perdida já antes do início das conversas, dependendo da qualidade da preparação. As pessoas que acham que podem improvisar sem se preparar em geral percebem que foi um erro ter pulado essa etapa. Mesmo que consigam chegar a um acordo, elas podem deixar passar oportunidades de ganhos mútuos que poderiam ter sido obtidos se tivessem se preparado. Nada substitui uma boa preparação. Quanto mais difícil for a negociação, mais intensivo precisará ser o preparo.

Quando se trata de preparação, muitas pessoas dizem, exasperadas: "Mas eu não tenho tempo para isso!". A preparação tende a ser o último item da lista de tarefas. Parece que você sempre tem um telefonema urgente para retornar, uma reunião importante da qual participar ou uma crise doméstica para administrar.

A verdade é que você não pode se dar ao luxo de *não* se preparar. Reserve um tempo para isso, mesmo que leve a uma redução do tempo da negociação em si. As negociações seriam muito mais eficazes se as pessoas alocassem mais de seu tempo limitado para a preparação e menos para as reuniões propriamente ditas.

Eu sei que, para a maioria de nós, as 24 horas do dia parecem insuficientes. As orientações de preparação descritas a seguir levam isso em conta. Elas podem ser seguidas em apenas quinze minutos.* Uma regra prática é: pense em reservar um minuto de preparação para cada minuto de interação com o outro lado.

Como você deve se preparar? Quando estiver embarcando em uma negociação, assim como em uma viagem, a primeira coisa de que precisa é um bom mapa.

Mapeando o caminho rumo ao acordo

Há cinco pontos importantes no caminho para um acordo mutuamente satisfatório: *interesses*, *opções* para satisfazer esses interesses, *padrões* para resolver as diferenças de modo justo, *alternativas* à negociação e *propostas* de acordo.

1. Interesses

Geralmente, uma negociação começa quando a posição de um lado entra em conflito com a do outro lado. Em uma negociação convencional, tudo o que você precisa saber antecipadamente pode ser a sua própria posição. No entanto, a resolução conjunta de problemas gira em torno dos *interesses* por trás da posição de cada lado. Essa distinção é importantíssima: sua posição são as coisas concretas

---

* Para uma preparação rápida, consulte a Planilha de Preparação apresentada no Apêndice, ao fim do livro. Há também uma versão da planilha disponível on-line, em http://somos.in/SON1.

que você diz querer: o preço, os termos e as condições. Seus interesses são as motivações intangíveis que o levam a assumir essa posição: suas necessidades, desejos, preocupações, medos e aspirações. Para chegar a um acordo que satisfaça os dois lados, você precisa começar descobrindo os interesses de cada um.

Descubra seus interesses. Se você não sabe aonde quer chegar, é pouco provável que chegue lá. Em uma negociação com um cliente difícil que insiste em pagar o preço que você originalmente orçou pelos seus serviços, apesar do trabalho adicional imprevisto necessário para concluir o projeto, sua posição pode ser: "Eu quero um aumento de 30% no preço para incluir o trabalho adicional". Seus interesses para querer o valor adicional podem ser preservar sua margem de lucro e ao mesmo tempo manter o cliente satisfeito. Você pode descobrir seus próprios interesses respondendo à pergunta: *por quê?* "Por que eu quero isso? Qual problema estou tentando resolver?"

É importante organizar seus interesses em ordem de prioridade para evitar o erro comum de trocar um interesse importante por um menos importante. Se o relacionamento com o cliente promete ser muito lucrativo, pode ser interessante priorizar o relacionamento. Nesse caso, seu interesse em lucrar com esse projeto específico pode ser sua segunda prioridade, e a terceira pode ser evitar estabelecer o precedente de fazer um trabalho adicional sem ganhar por isso.

Descubra os interesses do oponente. A negociação é uma via de mão dupla. Em geral, não é possível satisfazer *seus* interesses sem satisfazer também os interesses do outro lado. Por isso, é importante conhecer os interesses dele tanto quanto os seus. Pode ser que seu cliente difícil não queira estourar o orçamento e tenha em mente se sair "bem na fita" com o chefe.

Certa vez, meu tio Mel foi à Faculdade de Direito de Harvard para um encontro de 25 anos da turma dele e resolveu dar uma passada na minha sala para me fazer uma visita. Durante a conversa, ele me confidenciou: "Sabe, Bill, eu levei 25 anos para desaprender o que aprendi na Faculdade de Direito. Porque o que aprendi lá é que tudo o que importa na vida são os *fatos*: quem está certo e quem está errado. Mas levei um quarto de século para aprender que, tão importante quanto os fatos, e talvez até mais importante, é como as pessoas *interpretam* esses fatos. Se você não entender o ponto de vista do outro, nunca vai ser bom em fazer acordos ou resolver disputas".

A habilidade mais importante nas negociações é a capacidade de se colocar na pele de seu oponente. Se você estiver tentando mudar a mentalidade dele, antes de mais nada, terá que saber o que ele pensa.

Como você pode se informar sobre os interesses do outro lado? Tente um exercício simples: imagine, do ponto de vista *dele*, o que parece ser mais importante para ele. Em seguida, pergunte-se: "Ele é sempre difícil assim ou esse comportamento não passa de um desvio temporário? O que está acontecendo na vida pessoal ou profissional dele que pode estar afetando sua atitude em relação a mim? Ele é conhecido por ser honesto e justo nas negociações?". Se tiver tempo, pode conversar com pessoas que o conhecem, como amigos, colegas, clientes e subordinados. Quanto mais você conseguir descobrir sobre o outro lado, mais chances terá de influenciá-lo.

2. Opções

O objetivo de identificar seus interesses e os de seu oponente é ver se você consegue pensar em opções criativas para satisfazê-los. O termo "opção" refere-se a um possível acordo ou parte de um acordo. Pensar em opções para os dois lados saírem ganhando é a maior oportunidade de um negociador. Os melhores negociadores fazem mais do que meramente dividir uma torta de tamanho fixo. Eles começam pensando em como aumentar a torta.

Embora muitas vezes não seja possível garantir sua posição, você pode ao menos satisfazer seus interesses. Considerando o exemplo que dei anteriormente, você pode não conseguir obter o aumento de 30% no valor, mas pode pensar em uma opção que lhe permita lucrar com o projeto e ao mesmo tempo satisfazer seu cliente. Será que você não teria como transferir parte do trabalho adicional à equipe de seu cliente? Será que não daria para estender o projeto para o próximo ano fiscal, de modo que o cliente consiga pagar o valor adicional com a verba do ano seguinte? Será que não daria para aceitar o valor mais baixo este ano se o cliente se comprometer com um grande projeto no ano que vem? Seria possível mostrar ao cliente que esse trabalho adicional resultaria em uma grande economia e que ele poderia usar parte desse dinheiro para pagar pelo trabalho adicional?

Um erro comum nas negociações é insistir em uma única solução: sua posição original. Ao se abrir para uma infinidade de opções, você pode pensar em novas possibilidades, e uma delas talvez satisfaça seus interesses ao mesmo tempo que satisfaz os interesses do outro lado. A maior dificuldade de pensar em opções criativas é uma voz na nossa cabeça que vive dizendo: "Isso não vai dar certo!". A crítica e a avaliação, embora sejam funções importantes, afetam nossa criatividade. É melhor separar as duas funções. Pense primeiro nas opções e deixe para avaliá-las depois. Suspenda a crítica por alguns minutos e tente produzir o maior número de ideias possível. Inclua ideias que a princípio podem parecer malucas, lembrando que muitas das melhores ideias do mundo de início foram consideradas malucas e ridicularizadas por todos. Depois de fazer um *brainstorming* para chegar a um bom número de opções, você pode revê-las e avaliar até que ponto elas satisfazem seus interesses e os do outro lado.

3. Padrões

Depois de aumentar o tamanho da torta, você precisa pensar em maneiras de dividi-la. Como vocês podem escolher juntos uma opção se seus interesses são opostos? Seu cliente quer pagar menos por seu trabalho e você gostaria que ele pagasse mais. Como resolver o problema?

Um dos métodos mais comuns é entrar em uma espécie de competição para ver quem é mais inflexível. Cada lado insiste em manter a própria posição, tentando fazer com que o outro ceda. O problema é que ninguém gosta de ceder. Esse tipo de competição acaba se transformando em um conflito de egos. A pessoa que é forçada a ceder não se esquece disso nunca e vai tentar ajustar as contas na próxima vez (se é que vai haver uma próxima vez).

Os melhores negociadores impedem esse tipo de situação transformando o processo de seleção de opções em uma busca colaborativa por uma solução justa e satisfatória para ambas as partes. Eles usam padrões justos, por mais inflexível que o outro lado seja. Um padrão independente é um parâmetro que lhe permite saber qual é uma solução justa. Entre os padrões mais frequentemente utilizados estão o valor de mercado, o tratamento igualitário, a legislação em vigor ou simplesmente a maneira como o problema foi resolvido em alguma outra ocasião.

A grande vantagem dos padrões é que, em vez de um lado ceder ao outro em determinada questão, os dois lados podem acatar o que lhes parece justo. É mais fácil para seu cliente aceitar um padrão como os preços praticados no mercado do que pagar determinado valor só porque você está dizendo que esse é o valor que você cobra.

Desse modo, antes de entrar na negociação, é importante pensar nos padrões que você poderia usar para chegar ao sim. Faça sua lição de casa e pesquise os preços praticados no mercado, os critérios científicos, os custos, as métricas e os precedentes. Chegue armado para persuadir.

4. Alternativas

As pessoas geralmente entram em uma negociação buscando chegar a um acordo e só analisam as alternativas quando há um impasse. Esse é um erro clássico. Conhecer suas alternativas pode ser o fator decisivo para que você consiga satisfazer seus interesses.

O objetivo da negociação nem sempre é chegar a um acordo. Isso porque o acordo não passa de um meio para atingir um fim, e esse fim é satisfazer seus interesses. O objetivo da negociação é explorar se você tem como satisfazer melhor seus interesses por meio de um acordo do que seria possível com a Melhor Alternativa a um Acordo Negociado (*Best Alternative to a Negotiated Agreement*, ou simplesmente Batna, na sigla em inglês).

Sua Batna é sua alternativa para obter uma "vitória fácil".[2] É a melhor coisa a fazer para satisfazer seus interesses *sem* chegar a um acordo com o outro lado. Se você está negociando um aumento com seu chefe, sua Batna pode ser encontrar um emprego em outra empresa. Se está negociando com um vendedor, sua Batna pode ser conversar com o gerente da loja ou, se isso não der em nada, ir a outro varejista. Se uma nação está negociando com outra sobre práticas comerciais injustas, sua Batna pode ser apelar para o tribunal internacional relevante. Normalmente, recorrer à sua melhor alternativa implica custos para você e para o relacionamento, e é por isso que você está negociando para chegar a uma solução melhor.

Seu poder de negociação depende de sua Batna. Se você tem uma boa Batna, não precisa ser maior, mais forte, mais experiente ou mais rico do que o outro lado para ter poder na negociação. Se você tem uma alternativa viável,

42 Supere o não

vai ter mais poder de influência na negociação. Quanto melhor for sua Batna, maior será seu poder.

Identifique sua Batna. Sua Batna deve ser sua medida para avaliar qualquer possível acordo. Para identificá-la, você deve levar em consideração três tipos de alternativa. Primeiro, o que você pode fazer por conta própria a fim de satisfazer seus interesses? Sua alternativa para obter uma "vitória fácil" pode ser encontrar outro fornecedor – caso esteja comprando alguma coisa –, ou outro cliente – caso esteja vendendo alguma coisa. Em segundo lugar, o que você pode fazer diretamente em relação ao outro lado para levá-lo a respeitar seus interesses? Sua alternativa "interativa" pode ser entrar em greve ou declarar uma guerra. Por fim, como você pode incluir um terceiro na situação para promover seus interesses? Sua alternativa "terceirizada" pode ser recorrer a um mediador, um árbitro ou um tribunal. Depois de pensar em uma série de alternativas possíveis, escolha a que tem mais chances de satisfazer seus interesses.

Fique com sua Batna no bolso. Se estiver sob um ataque pesado e começar a entrar em pânico, vai poder dar um tapinha no bolso e dizer para si mesmo: "Vai dar tudo certo, mesmo se esta negociação não der em nada".

Melhore sua Batna. É provável que você ainda não tenha uma boa Batna e que ela precise ser criada. Se sua Batna não for muito forte, você deve tomar medidas para melhorá-la. Por exemplo, não se contente em adotar a Batna de procurar outro emprego no mesmo setor. Preocupe-se em efetivamente conseguir uma oferta de emprego. Se estiver vendendo sua casa, não a tire do mercado só porque uma pessoa demonstrou interesse; continue procurando outros compradores em potencial. Ou, se sua empresa estiver correndo o risco de ser adquirida por um predador corporativo, procure compradores amigáveis ou considere a opção de pedir um empréstimo para sua empresa voltar ao controle de todo o capital.

Decida se vale a pena negociar. Depois de formular sua Batna, você deve se perguntar: "Será que vale mesmo a pena entrar nessa negociação?". Você já se perguntou por que algumas pessoas continuam tentando negociar com um chefe abusivo em vez de deixarem o emprego? Ou por que pais frustrados continuam tentando chegar a acordos com seus filhos adolescentes rebeldes, sabendo que o acordo será violado assim que virarem as costas? O hábito, a culpa, a autorrecriminação e o medo podem levar a esse tipo de comportamento, mas muitas vezes a principal razão é que o funcionário ou os pais perderam de vista sua melhor alternativa. Se eles pararem para pensar a respeito, podem muito bem descobrir uma maneira melhor de satisfazer seus interesses sem ter de negociar com um "inimigo".

Talvez sua Batna seja de fato melhor do que qualquer acordo que você possa obter em uma negociação. E não se esqueça de que o processo de negociação sempre vai ter seus custos, demandando muito tempo e energia, e enquanto isso suas alternativas podem lhe escapar por entre os dedos. Desse modo, a decisão de negociar deve ser considerada com muito cuidado.

Tenha em mente, porém, que é fácil achar que sua Batna é melhor do que realmente é. Muitos executivos que dão ouvidos às recomendações de advogados excessivamente confiantes evitam as negociações, vão direto para um litígio judicial e acabam acordando para a realidade quando já estão a caminho da ruína financeira. Em qualquer processo judicial, greve ou guerra, um dos lados (muitas vezes os dois) acaba descobrindo que sua Batna não era tão boa quanto pensava. Saber de antemão que sua alternativa não é tão boa assim o motivará a se empenhar para chegar a um acordo.

Identifique a Batna do oponente. Conhecer a Batna da outra parte pode ser tão importante quanto conhecer a sua. Com isso, você terá uma ideia do tamanho do desafio: chegar a um acordo que seja melhor do que a melhor alternativa do oponente. É sempre bom evitar o erro de subestimar ou de superestimar a Batna dele. Sua Batna pode ser fraca, mas a Batna do outro lado também pode ser. Muitos vendedores e consultores acham que seus clientes podem passar para o concorrente num piscar de olhos. Eles não raro são cegos para os verdadeiros custos de trocar de fornecedor. Uma análise objetiva da Batna dos clientes pode dar a eles mais confiança em uma negociação difícil.

Se a Batna do outro lado for recorrer à intimidação, você pode se preparar para combater essa postura. Se sua empresa estiver correndo o risco de ser adquirida por um predador corporativo, por exemplo, você pode aprovar estatutos corporativos para dificultar uma aquisição hostil.

Pense em maneiras de neutralizar os efeitos da intimidação por parte do oponente.

5. Propostas

Sua análise dos interesses e das opções abre a possibilidade de uma solução criativa para o problema. O trabalho que você teve explorando alternativas e padrões justos ajudará na escolha de uma boa opção para chegar a uma boa proposta de acordo.

A fim de elaborar uma boa proposta, a ideia é escolher uma opção que satisfaça bem seus interesses, melhor do que sua Batna satisfaria. A opção também deve satisfazer os interesses do outro lado melhor do que você acha que a Batna dele poderia satisfazer e, se possível, deve ser baseada em padrões justos. O que distingue uma proposta de uma simples opção é o compromisso: uma proposta é um possível acordo que você estaria disposto a aceitar.

Naturalmente, pode haver mais de um acordo possível para satisfazer todos esses critérios. Na verdade, é interessante ter três propostas em mente:

O que seria o ideal para você? É muito comum adotarmos metas relativamente modestas na tentativa de evitar o "fracasso". O problema é que ambições modestas tendem a se realizar. O outro lado dificilmente vai lhe dar o que você não pedir. Não é de surpreender que as pessoas que começam com interesses realisticamente ambiciosos acabem fechando acordos melhores. Nesse contexto, "realista" significa dentro dos limites do que é justo e da melhor alternativa do outro lado. Seja ambicioso.

Comece perguntando: "Qual acordo eu quero? O que realmente satisfaria meus interesses e ao mesmo tempo atenderia os interesses do outro lado para que ele tenha pelo menos uma chance de concordar?".

Com o que você se contentaria? Acontece muito de você não ter como conseguir tudo o que gostaria. Por isso é interessante responder a uma segunda pergunta: "Qual acordo, mesmo se não for o ideal, ainda satisfaria meus interesses o suficiente para que eu ficasse razoavelmente satisfeito?".

O que seria minimamente satisfatório? A terceira proposta deve se basear diretamente na avaliação que você fez de sua Batna: "Qual acordo só satisfaria meus interesses um pouco mais do que minha Batna poderia satisfazer? Qual acordo seria minimamente satisfatório para mim?". Se, no fim da negociação, você não conseguir chegar a um acordo pelo menos tão bom quanto isso, é o caso de considerar abandonar a negociação e recorrer à sua alternativa. Essa proposta funcionará como um alarme para lembrá-lo de que você corre o risco de aceitar um acordo pior do que sua Batna.

Pense nessas três propostas não como posições inflexíveis, mas como exemplos concretos dos tipos de resultado que atenderiam seus interesses. Você não tem como saber ao certo se o outro lado vai concordar com suas propostas. E novas informações podem ser reveladas no decorrer da negociação que lhe possibilitarão encontrar uma solução que satisfaça ainda mais seus interesses (e os do outro lado).

Ensaie

É mais fácil se preparar quando você discute o assunto com alguém. As pessoas podem contribuir com diferentes pontos de vista, revelar possíveis dificuldades e lhe dar apoio moral. Marque uma sessão de preparação com um colega ou amigo. Essa medida tem a vantagem adicional de garantir que você se prepare.

Na sessão, ensaie o que você dirá para o outro lado e como responderá ao que lhe for dito. Afinal, se advogados se preparam para casos difíceis, políticos treinam para entrevistas e executivos ensaiam apresentações para os acionistas, por que você não deveria ensaiar para encarar uma negociação difícil? O melhor lugar para cometer erros é em um ensaio com um amigo ou colega, e não durante a negociação.

Peça que seu colega desempenhe o papel do oponente por alguns minutos e ponha à prova seu poder de persuasão, concentrando-se em interesses, opções e padrões. Depois, pergunte a ele o que funcionou e o que não funcionou. Como foi para ele ouvir seus argumentos? O que você deveria fazer de forma diferente? Continue tentando até acertar. Se não tiver um colega ou amigo com quem praticar, tente anotar o que pretende dizer e treine sozinho.

Antecipe-se às táticas que o outro lado pode tentar usar e pense nas melhores respostas. Se você se preparar, terá menos chances de ser pego de surpresa. Você pode dizer a si mesmo: "Ah! Eu sabia que ele diria isso" e dar a resposta que praticou. É por isso que é tão importante se preparar.

Prepare-se para navegar

Num mundo ideal, agora você estaria pronto para conduzir a negociação exatamente como fez na preparação. Você começaria investigando os interesses, tentando conhecer as preocupações e as motivações do outro lado. Em seguida, vocês conversariam sem compromisso sobre as várias possibilidades, para ver se seria possível satisfazer os interesses de ambos. Você levaria em consideração diferentes padrões para conciliar as diferenças. E, por fim, vocês ajustariam as propostas na tentativa de chegar a um acordo mutuamente satisfatório que seria melhor para cada lado do que recorrer às suas respectivas Batnas.

No entanto, no mundo real, suas tentativas de se engajar na resolução conjunta de problemas podem se deparar com reações intensas, emoções hostis, posições rígidas, grandes insatisfações e jogos de poder agressivos. O desafio que você tem diante de si é transformar o jogo do confronto direto em uma resolução de problemas lado a lado, transformando seu oponente em um parceiro de negociação. Agora que já tem um bom mapa de onde quer chegar, você precisa aplicar a estratégia para superar as barreiras e obstáculos que encontrará pelo caminho. Nos próximos cinco capítulos, você aprenderá a navegar.

PARTE II

USE A ESTRATÉGIA PARA SUPERAR BARREIRAS

1

NÃO REAJA:
SUBA AO CAMAROTE

"Fale quando estiver com raiva e você fará o melhor discurso do qual se arrependerá pelo resto da vida."
– Ambrose Bierce

Se você observar as negociações que ocorrem ao seu redor, verá inúmeros casos de pessoas reagindo sem pensar. Muitas negociações são mais ou menos assim:

MARIDO (*achando que está focado no problema*): Querida, a gente precisa dar um jeito na casa. Está uma bagunça.

ESPOSA (*achando que foi um ataque pessoal*): Você não levanta um dedo para arrumar nada! Nem faz as coisas que promete fazer. Ontem à noite...

MARIDO (*interrompendo*): Eu sei, eu sei... Mas é quê...

ESPOSA (*sem ouvir*): ... você disse que ia tirar o lixo. Eu é que tive de fazer isso hoje.

MARIDO (*tentando voltar ao problema*): Não precisa ficar na defensiva. Eu só estava dizendo que nós dois...

ESPOSA (*sem ouvir*): E era a sua vez de levar as crianças para a escola.

MARIDO (*reagindo*): Espere aí! Eu disse que teria uma reunião de manhã cedo.

ESPOSA (*começando a gritar*): Ah, então o seu tempo vale mais do que o meu, é isso? Eu também tenho um emprego! Não aguento mais ficar em segundo lugar nesta casa.

MARIDO (*começando a gritar*): Ah, fala sério! Quem você acha que paga quase todas as contas aqui?

Essa conversa não ajuda a satisfazer nem o interesse do marido de querer uma casa mais limpa, nem o interesse da esposa de querer mais ajuda nos afazeres domésticos. Mas isso não impede os dois de se atacar. A ação provoca uma reação, a reação provoca uma contrarreação e por aí vai, em uma discussão interminável. O mesmo padrão se repete quando sócios de uma empresa brigam para decidir quem vai ficar com a melhor sala do escritório, quando sindicatos e empresas discutem para decidir políticas trabalhistas ou quando grupos étnicos brigam por território.

Três reações naturais

Os seres humanos são máquinas de reação. Diante de uma situação difícil, nosso primeiro impulso é reagir, ou seja, agir sem pensar. As três reações mais comuns são:

Revidar

Quando você é atacado, sua reação instintiva é revidar, "combater fogo com fogo" e "dar à pessoa um gostinho do próprio remédio". Se o outro lado adota uma posição inflexível e extrema, você reage fazendo o mesmo.

Pode até acontecer de esse tipo de reação mostrar que você também sabe jogar aquele jogo, fazendo o oponente parar. Mas é muito mais provável que essa estratégia acabe resultando em um confronto fútil e dispendioso. Você acaba dando ao outro lado uma justificativa para o comportamento irracional. A pessoa pensa: "Ah! Eu sabia que você estava pronto para me atacar. Agora eu tenho a prova". Em geral, esse tipo de discussão resulta em uma competição para ver quem grita mais alto, em um confronto corporativo, em uma ação judicial ou até em uma guerra.

Vejamos o exemplo de um diretor que criou um novo sistema de informações para o processo de manufatura de sua empresa. Para implantar o sistema, ele precisava do consentimento de todos os gerentes de fábrica de seu país. Todos concordaram, menos o gerente da maior fábrica, em Dallas, que disse: "Eu não quero o seu pessoal metendo o nariz na minha fábrica. O único jeito de fazer as coisas aqui é comigo no comando. Eu garanto um trabalho melhor por conta própria". Frustrado, o diretor reagiu ameaçando levar o problema ao presidente da empresa, o que só enfureceu o gerente da fábrica. No fim, o apelo do diretor à presidência foi um tiro no pé, pois revelou que ele era incapaz de trabalhar bem com os colegas. Além disso, o presidente se recusou a intervir, e o novo sistema de informações ficou acumulando poeira na matriz, sem ser adotado.

Revidar raramente o ajuda a satisfazer seus interesses imediatos e normalmente prejudica seus relacionamentos no futuro. Mesmo se vencer a batalha, você poderá perder a guerra.

O outro problema de revidar é que as pessoas que jogam duro normalmente fazem isso muito bem. Na verdade, pode ser que elas até queiram que você revide. Se fizer isso, você estará no território delas, jogando o jogo de acordo com as regras delas.

Ceder

O contrário de revidar é ceder. O outro lado pode deixá-lo tão incomodado com a negociação que você cede só para pôr um fim à tortura. Ele o pressiona, dando a entender que é você que está impedindo o acordo. Você quer mesmo ser o responsável por prolongar as negociações, destruir o relacionamento, perder uma oportunidade única? Não seria melhor simplesmente dizer sim?

Quantos de nós, depois de fecharmos acordos, acordarmos no dia seguinte, damos um tapa na testa e exclamamos: "Como pude ser tão idiota? Onde é que eu estava com a cabeça quando concordei com aquilo?". Muitos de nós assinamos contratos (por exemplo, ao comprar um carro) sem ler as letras miúdas. Por que fazemos isso? Porque somos pressionados pelo vendedor, as crianças não veem a hora de voltar para casa no carro novo e temos medo de parecer ignorantes ao fazer perguntas sobre o contrato – que, aliás, parece que foi propositalmente escrito para ninguém conseguir entender.

Em geral, o ato de ceder leva a um resultado insatisfatório. Você acaba se sentindo frustrado. Além disso, você recompensa o outro lado pelo mau comportamento e acaba com uma reputação de fraqueza que ele e outros podem tentar explorar no futuro. Do mesmo modo como ceder à birra de uma criança só reforça esse padrão de comportamento, ceder a uma pessoa furiosa só encoraja explosões de raiva no futuro. Os ataques de fúria de um chefe ou de um cliente podem parecer incontroláveis, mas não são. Eles provavelmente não têm esses ataques na frente do chefe *deles*.

Às vezes nos sentimos intimidados e tentamos apaziguar pessoas irracionais na ilusão de que, se cedermos só esta última vez, elas vão sair do nosso pé e nunca mais teremos de lidar com elas. Mas acontece muito de essas pessoas voltarem exigindo novas concessões. Como diz um velho ditado, um apaziguador é aquela pessoa que acha que, se continuar dando bifes a um tigre, o tigre vai acabar se tornando vegetariano.

Romper o relacionamento

Uma terceira reação comum é romper relações com a pessoa ou organização que se mostra difícil. Se é um casamento, nos divorciamos. Se é um emprego, nos demitimos. Se estamos envolvidos em uma *joint venture*, nós a dissolvemos.

Em algumas situações, evitar o problema é uma estratégia perfeitamente apropriada. Às vezes, nos casos em que manter a relação significa continuar sendo explorado ou arrastado a brigas constantes, é melhor romper o relacionamento pessoal ou comercial. Ou também pode acontecer de o rompimento lembrar o outro lado do que ele tem a ganhar com o relacionamento e levá-lo a um comportamento mais sensato.

Entretanto, os custos – tanto financeiros quanto emocionais – de um rompimento costumam ser altos: um cliente perdido, um revés na carreira, uma família dividida. Romper um relacionamento costuma ser uma reação precipitada da qual nos arrependemos depois. Todos nós conhecemos pessoas que aceitam um emprego ou entram em um relacionamento pessoal, ficam frustradas com o chefe ou o parceiro e vão embora sem dar uma chance à relação. Na maioria das vezes, elas interpretam mal o comportamento do outro e não tentam resolver o problema. Um padrão de rompimentos significa que você nunca chega a lugar algum porque vive recomeçando.

Os perigos de reagir

Quando reagimos sem pensar, perdemos de vista nossos interesses. Considere a reação da Secretaria de Defesa dos Estados Unidos diante da crise dos reféns americanos no Irã de 1979 a 1981. Pouco depois do início da crise, um repórter perguntou a um porta-voz do Pentágono o que as Forças Armadas americanas estavam fazendo para ajudar. O porta-voz respondeu que não havia muito o que fazer sem comprometer a vida dos reféns. Segundo ele, o Pentágono estava trabalhando em medidas duras a serem tomadas depois que os reféns fossem libertados. No entanto, ele não estava pensando direito: por que os militantes iranianos libertariam os reféns se acreditassem que os Estados Unidos retaliariam logo depois? O Pentágono cometeu o erro comum de confundir "vingança" com "conseguir o que quer".

Muitas vezes o oponente age de determinada forma apenas para tentar provocar uma reação. A primeira vítima de um ataque é nossa objetividade, a faculdade da qual mais precisamos para garantir uma boa negociação. O oponente tenta nos desestabilizar e impedir que pensemos com clareza. Ele monta uma armadilha para poder nos controlar. Quando reagimos, caímos na armadilha e entramos no jogo dele.

Grande parte do poder do seu oponente resulta da capacidade dele de provocar uma reação. Você já se perguntou como um pequeno grupo terrorista no Oriente Médio conseguiu o poder de chamar a atenção do mundo todo e tirar o sono do líder da nação mais poderosa do mundo simplesmente prendendo um americano qualquer que estava passando na rua? Por si só, os militantes iranianos não tinham praticamente nenhum poder. Foi a reação do público americano que lhes empoderou.

Mesmo que reagir não leve a um erro grosseiro de sua parte, isso alimenta o ciclo improdutivo de ação e reação. Pergunte à esposa por que ela grita com o marido e ela pode responder: "Porque *ele* grita comigo". Pergunte ao marido e ele dará a mesma resposta: "Porque *ela* grita comigo". Ao reagir, você se torna parte do problema. Afinal, quando um não quer, dois não brigam.

Suba ao camarote

Se a má notícia é que você contribui para o círculo vicioso de ação e reação, a boa notícia é que você tem o poder de interrompê-lo a qualquer momento... e *sozinho*. Como? Simplesmente *não* reagindo. Nas aulas de física, aprendemos que "para cada ação há sempre uma reação igual e oposta". Mas a lei de Newton se aplica a objetos, não a mentes. *Os objetos reagem. As mentes podem optar por não reagir.*

O conto "O resgate do chefe vermelho", do escritor americano O. Henry, nos dá um bom exemplo fictício do poder de não reagir. Ao ter o filho sequestrado, os pais decidem não responder às exigências dos sequestradores. Com o passar do tempo, o menino se torna um fardo tão grande para os sequestradores que eles se oferecem para pagar os pais para aceitá-lo de volta. A história ilustra o jogo psicológico que depende da sua reação. Ao se recusar a reagir, os pais frustraram os planos dos sequestradores.

Quando se vir em uma negociação difícil, é preciso se distanciar um pouco, recuperar a calma e ter uma visão objetiva da situação. Pense que você está negociando em um palco e imagine-se subindo ao camarote para ver o palco de cima. O "camarote" é uma metáfora para uma atitude mental de distanciamento.[1] Do camarote, você tem como avaliar com calma o conflito, quase como se fosse outra pessoa. Você pode pensar de maneira construtiva pelos dois lados e procurar uma maneira mutuamente satisfatória de resolver o problema.

Na milenar arte japonesa do manejo de espada, os alunos eram instruídos a olhar para o oponente como se ele fosse uma montanha distante. Musashi, o maior samurai de todos, chamava isso de "visão distanciada das coisas próximas". A vista que se tem do camarote é assim.

"Subir ao camarote" significa distanciar-se de suas emoções e impulsos naturais. Vejamos o caso de Janet Jenkins, uma executiva da indústria cinematográfica que certa vez negociou a venda multimilionária de uma programação para uma rede de TV a cabo. No meio da última reunião com o negociador da rede, o presidente da rede entrou de repente na sala. Ele atacou o produto de Janet e sua integridade pessoal e exigiu mudanças radicais no acordo. Em vez de reagir, Janet controlou suas emoções e subiu ao seu camarote mental. De lá, percebeu que se colocar na defensiva ou contra-atacar só jogaria mais lenha na fogueira e não a aproximaria de fechar o acordo. Então ela simplesmente ouviu o que o presidente da rede tinha a dizer. Quando ele terminou seu discurso furioso e saiu da sala, Janet pediu um minuto para fazer um telefonema, mas na verdade saiu para recuperar seu equilíbrio mental.

Quando ela voltou, o negociador olhou para ela e perguntou: "Que tal retomarmos a conversa de onde *nós* paramos?". Em outras palavras, ele estava dizendo: "Desconsidere o que o presidente disse. Ele só queria extravasar. Vamos voltar ao que interessa". Se Janet tivesse reagido, a negociação teria entrado por um caminho totalmente improdutivo. Mas, por ter subido ao camarote, ela foi capaz de seguir em frente tranquilamente e fechar o acordo.

Você deve subir ao camarote antes mesmo do início da negociação para se preparar. E deve voltar para lá em todas as oportunidades que tiver durante a negociação. Em muitas situações, você vai querer reagir impulsivamente ao comportamento difícil do seu oponente. Mas é importante ficar de olho no prêmio.

O prêmio é um acordo que satisfaz mais seus interesses do que sua Batna. E também deve satisfazer minimamente os interesses do outro lado. Uma vez que você tenha uma ideia de como deve ser o seu prêmio, seu desafio é se manter focado em obtê-lo. Não é fácil fazer isso. Quando você fica com raiva ou na defensiva, pode cair na tentação de atacar. Quando se sente frustrado e com medo, pode cair na tentação de dar as costas à negociação. Como deter essas reações naturais?

Dê um nome às táticas

Muitas vezes, você nem percebe que está reagindo porque está mergulhado até o pescoço na situação. A primeira tarefa, portanto, é reconhecer a tática. Na mitologia antiga, chamar um espírito maligno pelo nome permitia que a pessoa se tornasse imune a ele. O mesmo acontece com as táticas injustas: quando você as identifica, quebra seu feitiço.

Três tipos de táticas

Existem dezenas de táticas, mas elas podem ser agrupadas em três categorias: obstrutivas, ofensivas ou enganosas.

Muralhas. Uma tática de muralha é recusar-se a ser flexível. O outro lado pode tentar convencê-lo de que não há outra escolha a não ser ceder à posição dele. As muralhas podem assumir a forma de "fato consumado": "Já está feito. Não tem como mudar". Ou podem recorrer a uma política da empresa: "Estou de mãos atadas. É a política da empresa". Ou fazer referência a um compromisso anterior: "Eu já disse aos membros do sindicato que renunciaria ao cargo de negociador caso seja oferecido um aumento inferior a 8%". O outro lado pode ficar postergando interminavelmente a negociação: "Pode deixar que eu retorno com uma resposta". Ou então dar um ultimato: "É pegar ou largar!". Qualquer outra sugestão da sua parte é recebida com um não.

Ataques. Os ataques são táticas de pressão para intimidá-lo e deixá-lo tão incomodado que você acaba cedendo às exigências do outro lado. Uma das formas mais comuns de ataque é ameaçá-lo com consequências terríveis se você não aceitar a posição do oponente: "Se você não ceder, *então*...". O oponente também pode atacar sua proposta ("Esses números não têm nada a ver!"), sua credibilidade ("Não faz muito tempo que você trabalha com isso, não é mesmo?") ou seu status e autoridade ("Exijo falar diretamente com a pessoa que toma as decisões, não com você!"). Os oponentes usam insultos e intimidações e tentam vencer pelo cansaço até conseguir o que querem.

Truques. Os truques são táticas para induzi-lo a ceder. Essa abordagem se aproveita do fato de você presumir que o outro lado tem boas intenções e está dizendo a verdade. Um tipo de truque é manipular informações, usando dados falsos, forjados ou confusos. Outro tipo é a manobra do "não tenho poder de decisão", na qual o outro lado o leva a acreditar que tem a autoridade para decidir a questão e, depois que você cede o máximo possível, informa que na verdade a decisão precisa ser tomada por outra pessoa. Um terceiro truque é o "item adicional", a exigência extra feita de última hora, depois que seu oponente o leva a acreditar que vocês já chegaram a um acordo.

Reconheça a tática

O segredo para neutralizar os efeitos de uma tática é reconhecê-la. Se você reconhecer que o outro lado está usando a tática da muralha, tem menos chances de acreditar que a posição do oponente é inflexível. Se reconhecer um ataque, você tem menos chances de cair na armadilha do medo e da apreensão. Se reconhecer um truque, você não será enganado.

Vejamos um exemplo. O sr. e a sra. Albin tinham acabado de vender sua casa – ou pelo menos era o que achavam enquanto encaixotavam todos os pertences e se preparavam para se mudar. Foi quando o comprador, o sr. Maloney, informou que só poderia fechar o acordo em quatro meses porque não tinha conseguido vender a casa dele. Ele se recusou a compensar os Albin pelo atraso. Em vista disso, eles disseram que precisariam procurar outro comprador. O sr. Maloney respondeu: "Sorte de vocês que estão lidando com uma pessoa como eu. Qualquer um entraria com um processo judicial impedindo a venda para outra pessoa. O imóvel poderia ficar anos em disputa! Mas, como já somos praticamente amigos, tenho certeza de que podemos dar um jeito de evitar toda essa chateação".

Quando o sr. Maloney saiu, o sr. Albin suspirou aliviado e disse à esposa: "Graças a Deus que ele não vai nos processar. Seríamos obrigados a passar anos sem poder vender a casa. Acho que é o caso de fazermos algumas concessões...". Ao que a sra. Albin retrucou: "Querido, você acabou de ser sutilmente ameaçado e nem se deu conta. Ele é, sim, o tipo de pessoa que nos processaria, e precisamos lidar com ele da forma correta". O sr. Albin reagiu com medo à tática do sr. Maloney, exatamente como este pretendia. Já a sra. Albin controlou sua reação ao identificar a tática.

Muitas táticas dependem de você não saber o que o oponente está fazendo. Suponha que seu cliente lhe diga que concorda totalmente com o acordo, mas que o sócio só lhe permite assinar o contrato se forem feitas algumas grandes alterações. Se você não perceber que ele está usando o sócio como o "vilão", pode concordar inocentemente com as alterações. Mas reconhecer essa tática o coloca em alerta.

As táticas mais difíceis de reconhecer são as mentiras. Você precisa ficar de olho em *incoerências* entre o que o oponente está dizendo agora e o que ele disse ou fez no passado, na linguagem corporal dele e no tom de voz. Os mentirosos podem até manipular as palavras, mas não é fácil controlar a ansiedade que se revela no tom de voz, por exemplo. Nem é fácil controlar a simetria das expressões faciais. O sorriso de um mentiroso, por exemplo, pode ser meio torto. Tenha em mente, porém, que a ansiedade pode ter outras causas e que não é sensato confiar em apenas um sinal isolado. Você precisa procurar por vários sinais.[2]

Ficar de olho em táticas que o oponente pode estar usando significa manter-se alerta, e não desconfiar de tudo o que ele diz. Pode acontecer de você entender mal o comportamento da pessoa. Uma das figuras políticas mais celebradas dos tempos modernos foi o primeiro-ministro soviético Nikita Khrushchev, que, em 1960, tirou o sapato e o bateu sobre a mesa enquanto fazia um discurso na ONU.[3] Todos interpretaram essa performance quase teatral como uma tática destinada a intimidar o Ocidente. Afinal, um homem que bate o sapato na mesa poderia muito bem acionar armas nucleares! Trinta anos depois, o filho de Khrushchev, Sergei, explicou que seu pai tinha algo muito diferente em mente. Khrushchev, que quase não saía da União Soviética, ouvira dizer que as pessoas do Ocidente adoravam discussões acaloradas. Pensando assim, ele decidiu dar à sua audiência o que achava que ela queria e bateu o sapato para reforçar seu argumento. Quando as pessoas ficaram chocadas, ninguém ficou mais surpreso do que o próprio Khrushchev. Ele só estava tentando se encaixar. O que se tornou um estereótipo do russo irracional aparentemente resultou de um simples mal-entendido cultural.

Então, ligue seu radar sem vestir sua armadura. Fique esperto quando detectar um possível truque ou ataque sutil. Neutralize-o dando-lhe um nome e mantenha isso em mente como uma possibilidade, não uma certeza. Procure outras evidências, lembrando que as pessoas difíceis raramente se limitam a uma única tática.

Saiba o que o tira do sério

Para neutralizar os efeitos das táticas do oponente, você precisa reconhecer não só o que ele está fazendo, mas também o que você está sentindo.

Em geral, o primeiro sinal de que estamos reagindo vem do nosso corpo. Nosso estômago vira uma bola de ferro. Nosso coração começa a bater mais forte. Nosso rosto fica vermelho. Nossas mãos começam a suar. Estas são todas reações viscerais que indicam que algo está errado e que estamos perdendo a compostura na negociação. São sinais de que precisamos subir ao camarote.

Todos nós temos nossas suscetibilidades emocionais, aquelas coisas que nos tiram do sério. Algumas pessoas reagem com amargor até às menores críticas ou ficam enfurecidas quando acham que alguém está zombando delas. Outras não suportam ter suas ideias rejeitadas. Outras cedem porque se sentem culpadas, temem uma rejeição ou não querem dar um escândalo.

Se você souber quais são seus gatilhos, as coisas que o tiram do sério, será mais fácil reconhecer quando seu oponente estiver forçando a barra. E isso, por sua vez, lhe permitirá controlar seu primeiro impulso. Se você odeia ser chamado de desorganizado e *sabe* que odeia isso, pode se preparar para lidar com a situação. Quando alguém o acusar de ser desorganizado, você pode simplesmente dar de ombros.

Vivemos e trabalhamos em ambientes competitivos. Portanto, espere ataques verbais e não os leve para o lado pessoal. Lembre que seus acusadores estão tentando manipular sua raiva, seu medo e sua culpa. Eles podem querer que você perca o controle para impedi-lo de negociar bem. Na infância, quando um coleguinha nos insultava, aprendemos a dizer: "O que vem de baixo não me atinge". É uma lição simples que deveríamos ter sempre em mente.

Quando você estiver sendo atacado, pode ser interessante ver seu oponente como alguém que não sabe o que está dizendo. Vejamos a abordagem adotada por uma mulher cujo chefe tinha o hábito de ofendê-la na frente dos colegas: "Eu levava o problema para casa e acabava enlouquecendo minha família... Mas decidi que não devia dar tanta importância a isso. Comecei a me distanciar e dizer: 'Coitado, ele não sabe fazer de outro jeito'". Independentemente do que ele fizesse, ela não reagia: "Ele viu que eu não estava mais dando bola e parou de pegar no meu pé".[4]

Ganhe tempo para pensar

Depois de identificar as táticas e refrear sua reação imediata, o próximo passo é ganhar tempo para pensar. É hora de subir ao camarote.

Faça uma pausa e não diga nada

A maneira mais simples de ganhar tempo para pensar em meio a uma negociação tensa é fazer uma pausa e não dizer nada. Quando se está com raiva ou frustrado, não vale a pena reagir. Sua capacidade de discernimento fica comprometida. E não se trata apenas de um fato psicológico.

É um resultado de alterações bioquímicas reais, associadas à raiva e ao estresse. Reservar mesmo que apenas alguns segundos para deixar essas alterações se dissiparem lhe permitirá ter uma visão mais objetiva da situação. Por isso é importante fazer uma pausa antes de responder. Como Thomas Jefferson recomendou: "Quando estiver com raiva, conte até dez antes de falar; quando estiver furioso, conte até cem".

Fazer uma pausa não só lhe dará uma chance de subir ao camarote por alguns segundos como também poderá ajudar o outro lado a se acalmar. Enquanto você não diz nada, o oponente não tem nada para atacar. Seu silêncio pode fazer com que ele se sinta desconfortável. E cabe a ele arcar com o ônus de manter o diálogo fluindo. Sem saber o que você está pensando, ele pode acabar sendo mais sensato. Alguns dos melhores acordos são obtidos pelo silêncio.

Mas vamos supor que seu oponente continue enfurecido. Por exemplo, um produtor de filmes tinha um chefe que costumava explodir por causa dos detalhes mais triviais.[5] O produtor contou a um amigo que tinha vontade de dar um murro na cara do chefe. O amigo aconselhou: "Pense na situação de outro jeito. Ele não está gritando com você; está gritando só para extravasar. Da próxima vez que ele gritar com você, tente fazer isto: recline-se na sua cadeira, cruze os braços e deixe os gritos entrarem por um ouvido e saírem pelo outro. Pense que vai fazer bem para ele gritar para poder extravasar". O produtor do filme contou que o plano funcionou às mil maravilhas.

A mesma abordagem é utilizada para evitar as batalhas verbais tão comuns nas negociações entre empresas e funcionários. Em certo caso, os dois lados adotaram a regra de que "só uma pessoa pode ficar com raiva de cada vez". O outro lado era obrigado a não reagir; caso reagisse, seria uma admissão de fraqueza e descontrole. A regra ajudou a quebrar o círculo vicioso de ação e reação.

É claro que você não tem como eliminar seus sentimentos e nem precisa fazer isso. Você só precisa desconectar a ligação automática entre a emoção e a ação. Sinta a raiva, a frustração ou o medo (pode até se imaginar atacando seu oponente, se quiser), mas *não* canalize seus sentimentos e impulsos para uma ação. Refreie os impulsos, congele seu comportamento. O tempo pode parecer se arrastar, mas o incômodo provavelmente vai durar só alguns segundos. Pode não ser fácil fazer isso quando seu oponente está gritando ou proferindo insultos, mas é necessário para uma negociação bem-sucedida. Siga a recomendação bíblica: "Todo homem seja pronto para ouvir, tardio para falar e tardio para se irar".

"Volte a fita"

Não dá para ficar em silêncio para sempre. A fim de ganhar mais tempo para pensar, tente "voltar a fita". Desacelere a conversa e tente rememorar o que já foi dito. Fale ao oponente: "Deixe-me ver se entendi direito o que você está dizendo..." e repasse a discussão até o momento.

Suponha que você tenha acabado de fechar uma venda e esteja revendo o contrato com o cliente. Ele diz: "Acho que temos um excelente pacote e estou disposto a fechar o acordo se você me der a manutenção grátis... Que tal? Podemos bater o martelo?". O cliente, então, estende a mão.

Se você reagir ao truque e disser sim ou não imediatamente, são grandes as chances de tomar a decisão errada. Para ganhar um tempo no camarote, "volte a fita". Olhe nos olhos do cliente e diga: "Espere um momento, Larry. Não sei se entendo o que você está querendo dizer. Vamos voltar um pouco e rever como chegamos até aqui. Começamos a discutir este acordo três meses atrás, em março, certo?".

"Acho que sim", Larry diz.

"Naquele momento eu entendi que você queria negociar a manutenção depois da compra."

"Sim, mas mudei de ideia."

"Larry, me corrija se eu estiver errado, mas não tínhamos chegado a um acordo final sobre todas as cláusulas anteontem?"

Qualquer que seja a resposta de Larry nesse ponto, você está no camarote, e não mais reagindo à exigência de última hora. Você não caiu no truque. Na verdade, você obrigou Larry a passar da ofensiva para uma posição um pouco defensiva.

Táticas como as de Larry são como truques de mágica. Elas são tão rápidas que muitas vezes você não consegue ver o que ele fez com as mãos. Ao "voltar a fita", interrompendo e desacelerando a conversa, você ganha tempo para reconhecer o truque e neutralizar seu impacto.

Se o outro lado sobrecarregá-lo com informações, esperando que você deixe passar uma desvantagem oculta na proposta, não hesite em dizer: "Preciso de um tempo para processar todas essas informações. Vamos recapitular..." ou "Eu preciso que você explique novamente como os diferentes componentes da sua proposta se encaixam. Tem alguns detalhes que não entendi". Ao pedir que o outro lado forneça uma descrição detalhada, você terá mais facilidade para identificar as falhas no raciocínio dele.

Um jeito fácil de desacelerar uma negociação é fazer anotações meticulosas. Ao anotar o que o outro lado diz, você tem uma boa desculpa: "Puxa, deixei passar um detalhe. Você poderia repetir, por favor?". Fazer anotações não só lhe dá tempo para pensar como também mostra que você está levando a pessoa a sério.

Algumas pessoas têm medo de parecer ignorantes se disserem: "Não sei se estou conseguindo acompanhar". Ironicamente, são essas as pessoas que têm mais chances de cair nos truques, porque não fazem as perguntas que deveriam ser feitas. Os melhores negociadores sabem que parecer um pouco obtuso pode ser uma vantagem na negociação. Com isso, você pode desacelerar a conversa. Você não precisa fingir ser burro; basta solicitar alguns esclarecimentos: "Acho que não entendi direito por que você esperou até agora para pedir um desconto".

Se você não conseguir pensar em mais nada para dizer na hora, sempre pode recorrer à frase feita: "Deixe-me ver se entendi direito o que você está dizendo...".

Faça um intervalo

Se precisar de mais tempo para pensar, faça um intervalo. Muitas negociações prosseguem interminavelmente, enquanto cada um reage às provocações do outro. Um intervalo dá aos dois lados a chance de acalmar os ânimos e subir ao camarote. As negociações são mais produtivas quando são interrompidas por intervalos frequentes.

Talvez você tenha receio de que pedir uma pausa possa ser interpretado como sinal de indecisão ou fraqueza, como se você não fosse capaz de aguentar o tranco. A solução é encontrar uma desculpa qualquer. Pode ser algo tão simples quanto "Já estamos aqui faz um tempo. Antes de prosseguirmos, sugiro um rápido intervalo para um café" ou "Boa pergunta. Vou me informar e já retorno". É recomendável ter uma desculpa pronta.

Uma das melhores desculpas é dizer que você e sua equipe de negociação precisam se reunir para discutir entre vocês. Talvez você tema que o outro lado enxergue isso como uma conspiração, mas falar em particular com a equipe de negociação é perfeitamente válido. O outro lado pode ter acabado de apresentar novas informações ou ter feito uma nova proposta, e você e sua equipe precisam de uma chance para conversar entre si. Por exemplo, se estiver comprando um carro e começar a ser pressionado pelo vendedor, diga: "Eu e a minha esposa precisamos de um momento a sós para discutir a decisão. Vamos dar uma saída e voltamos em meia hora". Se estiver sozinho, consulte um colega, chefe ou amigo por telefone.

Se não puder sair da sala, tente fazer uma pausa na negociação desviando temporariamente a conversa com uma história ou piada. Conheço um negociador sindical que leva fotos de suas pescarias no bolso e as joga sobre a mesa quando as coisas ficam tensas. Isso leva os participantes a falar sobre as próprias aventuras. Quando as negociações recomeçam, os ânimos já se acalmaram.

Outra maneira de fazer um intervalo durante a negociação é ter a companhia de um parceiro de negociação. Com isso, vocês podem se revezar. Enquanto um fala, o outro pode subir ao camarote e manter os olhos no prêmio. Os negociadores da polícia que lidam com sequestradores costumam trabalhar com um parceiro para lhes dar um feedback imparcial e realista sobre seu desempenho, ajudando-os a evitar reações emocionais e ficando em seu lugar quando eles se cansam.

Não tome decisões importantes de imediato

Na presença do oponente, você é submetido a uma grande pressão psicológica para concordar. Uma regra simples o ajudará a evitar problemas: nunca tome decisões importantes de imediato. Suba ao camarote e tome a decisão lá.

Se o outro lado lhe mostrar um contrato e exigir que você o assine imediatamente, diga: "Meu advogado insiste em checar tudo. Você sabe como os advogados são...". Ou então pergunte: "Imagino que você tenha dedicado muito tempo e esforço para elaborar a proposta e redigir o contrato, não é mesmo?". Quando ele concordar, continue: "Nesse caso, eu gostaria de fazer justiça ao seu trabalho, analisando a proposta com atenção antes de lhe dar uma resposta". Guarde o documento e diga: "Eu retorno com uma resposta amanhã".

Geralmente, o ideal é deixar para tomar uma decisão importante só no dia seguinte, mas isso nem sempre é possível. Se você precisar dar uma resposta imediatamente, diga ao outro lado: "Eu não quero atrasar o processo. Deixe-me fazer uma ligação rápida para meu escritório e já retorno com uma resposta. Se você me der licença, faço essa ligação agora mesmo". Mesmo que você só tenha tempo para sair da sala por um momento, já vai poder pensar com mais clareza. Uma vez que você saia da sala, a pressão psicológica diminui. Já não parece tão urgente chegar a uma decisão. Ao conseguir refrear sua reação inicial, você pode ponderar a decisão com mais objetividade, ou seja, no camarote.

Não permita que o outro lado o apresse. Se ele definir um prazo, não hesite em testá-lo, encerrando a reunião. Ele vai dizer se estiver falando a sério sobre o prazo. Lembre que qualquer acordo requer seu consentimento. Seu pior inimigo é sua própria reação impulsiva. Só *você* pode fazer a concessão da qual se arrependerá mais tarde.

Não se enfureça nem tente revidar; consiga o que quer

Em suma, nosso impulso mais natural quando estamos diante de uma pessoa ou situação difícil é reagir sem pensar. Esse também é o maior erro que você pode cometer.

A primeira coisa que você precisa fazer em uma negociação não é controlar o comportamento da outra pessoa, mas o seu próprio. Contenha sua reação imediata, identificando as táticas que o oponente está usando. Ganhe tempo para pensar. Use o tempo para manter os olhos no prêmio ou, em outras palavras, um acordo que satisfaça mais seus interesses do que sua Batna poderia satisfazer. Em vez de se enfurecer ou revidar, concentre-se em conseguir o que quer. Essa é a ideia de subir ao camarote.

2

NÃO DISCUTA:
PASSE PARA O LADO DO OPONENTE

"Raramente é aconselhável enfrentar diretamente preconceitos e emoções. É melhor parecer se adequar a eles a fim de ganhar tempo para combatê-los. É preciso saber navegar com o vento contrário e prosseguir até encontrar um vento na direção certa."[1]

– Fortune de Felice, 1778

Uma equipe de vendas da AT&T estava negociando para vender à Boeing um novo sistema de telecomunicações no valor de 150 milhões de dólares.[2] A equipe de vendas fez uma apresentação convincente sobre o serviço a ser prestado, sobre a pronta resposta da empresa a eventuais problemas e sobre a agilidade da equipe de manutenção.

Então o diretor de compras da Boeing disse: "Certo. Agora, por favor, poderiam colocar todas essas promessas por escrito? E queremos garantias de que, se o sistema não for reparado a tempo, vocês nos indenizarão".

"Faremos o nosso melhor", respondeu o líder da equipe de vendas da AT&T, "mas não podemos ser responsabilizados por tudo o que pode dar errado. Um raio pode cair...".

"Ah, vocês estão de brincadeira!", interrompeu o negociador da Boeing, perdendo a paciência. "Primeiro vocês chegam aqui e nos falam sobre seus serviços, e agora se recusam a cumprir o que prometeram!"

"Não é verdade!", protestou o líder de vendas, horrorizado com a reviravolta na negociação. "Deixe-me explicar...".
O negociador da Boeing, porém, se recusou a ouvir. "Vocês estão agindo de má-fé!", ele reclamou. "Não temos como trabalhar com vocês."

O líder de vendas da AT&T fez uma última tentativa: "Vamos conversar melhor. De repente, nós podemos colocar uma parte por escrito". Mas o diretor de compras da Boeing já tinha se decidido. Ele e sua equipe saíram porta afora.

O que aconteceu? Quando a AT&T se recusou a aceitar a exigência da Boeing, o negociador se enfureceu e partiu para o ataque. O líder de vendas da AT&T se defendeu, o que só aumentou a fúria do comprador. Quando o líder de vendas tentou se explicar, o comprador se recusou a ouvir. Nada parecia funcionar.

O erro, muito comum, foi tentar argumentar com uma pessoa que não está aberta a argumentos. Nessas horas, suas palavras serão ignoradas ou mal interpretadas. Você está diante de uma barreira emocional. O outro lado pode se sentir desconfiado, furioso ou ameaçado. Convencido de que ele está certo e você está errado, ele pode se recusar a ouvir.

O primeiro impulso que lhe vem à mente é ignorar as emoções e focar o problema, mas essa abordagem tem poucas chances de dar certo. As emoções negativas voltarão na forma de posições inflexíveis. Antes de poder falar sobre o problema, você precisa desarmar a pessoa. Subir ao camarote, como vimos, lhe permite recuperar o equilíbrio mental. Agora, você precisa ajudar o outro lado a recuperar o dele. O desafio é criar um clima favorável no qual vocês possam negociar.

Desarmar o outro lado significa neutralizar as emoções hostis para que ele fique aberto a ouvir o seu ponto de vista. E significa conquistar o respeito do oponente. Ele não precisa gostar de você, mas precisa levá-lo a sério e tratá-lo com respeito.

O segredo do desarmamento é a surpresa. Para desarmar o outro lado, você precisa fazer o contrário do que ele espera. Se ele assumir uma posição inflexível, vai esperar que você o pressione. Se ele atacar, vai esperar que você resista. Então não pressione nem resista. Faça o contrário: passe para o lado dele. Ele ficará desorientado e mais aberto para mudar a própria postura antagônica. Além disso, como os praticantes de artes marciais japonesas já sabem há muito tempo, é difícil atacar alguém que passa para o seu lado de repente. E, o que é ainda mais importante, você e o oponente ficam lado a lado, ou seja, o lugar ideal para que possam resolver juntos os problemas.

Passar para o lado do oponente implica fazer três coisas: ouvir, reconhecer e concordar. Ouça o que o outro lado tem a dizer. Reconheça os argumentos, os sentimentos, a competência e o status dele. E concorde com ele sempre que puder.

Passar para o lado dele pode ser a última coisa que você gostaria de fazer em uma situação de confronto. Quando ele se recusa a ouvir, é natural que você queira fazer o mesmo. Quando ele se recusa a reconhecer seu ponto de vista, você não tem vontade nenhuma de reconhecer o dele.

Quando ele discorda de tudo o que você diz, você pode achar difícil concordar com qualquer coisa que ele diz. Faz muito sentido sentir-se assim, mas essa reação do tipo "olho por olho" é um caminho garantido para o impasse.

Para superar a resistência do outro lado, você precisa reverter essa dinâmica. Se quer ser ouvido por ele, comece ouvindo o que ele tem a dizer. Se quer que ele reconheça seu argumento, reconheça primeiro o dele. Se quer que ele concorde com você, comece concordando com ele.

Pratique a escuta ativa

Muitas negociações se desenrolam assim: o negociador A apresenta sua posição inicial. B está tão concentrado em decidir o que dizer que não ouve a proposta. Quando chega a vez de B apresentar sua posição, A pensa: "Ele não fez nenhum comentário sobre o que eu disse. Ele não deve ter me ouvido. É melhor eu repetir". B conclui que A também não ouviu direito o que ele disse e os dois repetem sua posição. E por aí vai, em um diálogo de surdos. "Tudo já foi dito antes", diz um personagem num romance de André Gide, "mas, como ninguém escuta, é preciso sempre recomeçar".[3]

Você tem a chance de interromper o coro de monólogos ao se mostrar disposto a ser o primeiro a ouvir.

Seja a plateia do oponente

Ouvir o que a pessoa tem a dizer pode ser a concessão mais barata que você pode fazer. Todos nós temos uma profunda necessidade de sermos compreendidos. Ao satisfazer essa necessidade, você pode ajudar a reverter a negociação.

Vejamos o exemplo de uma negociação contratual entre o sindicato de trabalhadores e a administração de uma fábrica de contêineres da Inland Steel.[4] Os advogados da empresa assumiram uma posição inflexível sobre a questão salarial, declarando: "Bem, nós *realmente* precisamos insistir neste ponto". O diretor-geral da empresa, Robert Novy, acrescentou: "O que ele quis dizer, na verdade, é que não abriremos mão da nossa posição".

Normalmente, o sindicato teria contra-atacado, a empresa teria defendido firmemente sua posição e, depois de uma discussão fútil, os trabalhadores entrariam em greve. Com efeito, o impasse anterior nas negociações tinha resultado em uma greve de 191 dias, desastrosa para os dois lados, e todos esperavam uma greve também dessa vez. Mas, em vez de contra-atacar, o principal negociador do sindicato, Jake Shafer, disse calmamente: "Tenho interesse em saber mais sobre a afirmação do sr. Novy... Por que o senhor diz que a empresa não abrirá mão de sua posição?".

Diante desse convite para falar, Novy pôs-se a explicar em detalhes por que a questão salarial era tão importante para a empresa. Sentindo que tinha sido ouvida pelo outro lado, a empresa retribuiu, ouvindo os interesses e as preocupações do sindicato. Na ocasião, pode ter parecido uma pequena manobra tática, mas a decisão de Shafer de pedir à empresa para explicar seu ponto de vista tirou a negociação do impasse e possibilitou um acordo. A greve que todos esperavam não chegou a acontecer.

Ouvir requer paciência e autodisciplina. Em vez de reagir imediatamente ou ficar planejando seu próximo passo, você precisa se manter concentrado no que o outro está dizendo. Talvez não seja fácil ouvir, mas, como demonstra o exemplo da Inland Steel, isso pode levar a resultados incríveis. Ouvir revela o raciocínio do outro lado e lhe dá a chance de engajá-lo em uma tarefa cooperativa: entender o problema *dele*. Além disso, o outro lado fica mais aberto a ouvir o que você tem a dizer.

Se o outro lado está com raiva ou irritado, o melhor que você pode oferecer é ouvir suas queixas com atenção. Não interrompa, mesmo se achar que ele está errado ou que está sendo ofensivo. Mostre que você está ouvindo: mantenha o contato visual, concorde ocasionalmente com a cabeça e diga coisas como "Certo..." ou "Entendi...". Quando ele terminar, pergunte calmamente se não teria mais alguma coisa a acrescentar. Encoraje-o a dizer tudo o que o está incomodando, usando frases como "Sim, por favor, continue" e "Então, o que aconteceu?".

As pessoas adoram a chance de expressar seus sentimentos e ressentimentos. Os gerentes de atendimento ao cliente sabem que, mesmo quando não podem fazer nada para ajudar um cliente irritado e insatisfeito, o fato de o ouvirem com atenção e respeito muitas vezes pode bastar para não perdê-lo.

Depois que você ouvir tudo o que o outro lado tem a dizer, ele provavelmente ficará menos impulsivo, mais racional e mais aberto a negociar para resolver os problemas.

Não é coincidência que *os negociadores mais eficientes ouvem muito mais do que falam.*

Parafraseie e peça correções

Não basta ouvir o que o outro lado tem a dizer. Ele precisa saber que você *entendeu* o que foi dito. Então, repita de alguma forma o que você ouvir. Uma conversa entre uma vendedora e um cliente insatisfeito pode se desenrolar como se segue:

> CLIENTE: Comprei este celular aqui apenas seis meses atrás e agora mal dá para usá-lo, porque a bateria descarrega muito rápido. E o problema não é ela; eu já a troquei. Que tipo de lixo vocês vendem aqui? Vocês estão me fazendo perder negócios. Exijo uma substituição imediata por um aparelho que preste ou voltarei aqui com um advogado.
>
> VENDEDORA: Certo... Deixe-me ver se entendi direito. O senhor comprou este aparelho aqui seis meses atrás para usar na sua empresa. Mas agora o senhor não consegue mais carregá-lo. O senhor precisa com urgência de um aparelho que funcione. Entendi direito?
>
> CLIENTE: Sim, é isso mesmo.
>
> VENDEDORA: Deixe-me ver o que podemos fazer pelo senhor.

Parafrasear significa resumir o que você entendeu do que foi dito pelo outro lado e repetir tudo usando suas próprias palavras. Não se desvie do ponto de vista *dele*. Incluir seu próprio ponto de vista ou tentar convencê-lo de que ele está errado não vai ajudar. O cliente não ficará satisfeito se você disser: "Quer dizer que *você* não conseguiu fazer o aparelho funcionar e o trouxe de volta à loja?".

A paráfrase dá ao outro lado a sensação de ter sido entendido, bem como a satisfação de corrigi-lo, caso você tenha entendido errado. E lhe dá a chance de ver se você realmente entendeu o que ele disse. A paráfrase é uma das melhores técnicas do repertório de um negociador.

Reconheça o ponto de vista da outra parte

Depois de ouvir o outro lado, o próximo passo é reconhecer o ponto de vista dele. Você pode até relutar em fazer isso se for algo muito diferente do que você pensa, mas pular esse passo implica perder uma oportunidade importantíssima. Qualquer ser humano, por mais intratável que seja, tem uma profunda necessidade de reconhecimento. Ao satisfazer essa necessidade, você pode ajudar a criar o clima para um acordo.

Reconhecer o ponto de vista do outro lado *não* significa que você concorda com ele. Significa que você o aceita como um ponto de vista válido dentre vários outros. A mensagem transmitida é: "Eu entendo o seu ponto de vista". Você comunica essa mensagem usando frases como "Faz sentido", "Sei exatamente o que você quer dizer" ou "Entendo o que você está dizendo".

A mente da outra parte pode ser como um sótão desorganizado, repleto de antigos ressentimentos, queixas e histórias. Argumentar com ele só dá força a esses sentimentos e lembranças. Mas, se você reconhece a validade do que ele tem a dizer, a carga emocional começa a se dissipar. Na verdade, as coisas começam a desaparecer do sótão. Ao deixar seu oponente contar o próprio lado da história – e ao reconhecer os argumentos dele –, você abre um espaço psicológico para ele aceitar que a história pode ter outro lado.

Uma das maneiras mais poderosas e surpreendentes de reconhecer o ponto de vista do outro é antecipar-se a ele. Tire as palavras da boca do oponente. Diga: "Se eu estivesse no seu lugar, é assim que eu veria a situação". Robert McNamara, ex-secretário de Defesa dos Estados Unidos, usou essa abordagem em 1989, em um importante encontro com participantes americanos, soviéticos e cubanos na crise dos mísseis de Cuba em 1962.[5] Notando que os soviéticos e os cubanos estavam na defensiva sobre as razões para seus governos terem decidido instalar em segredo mísseis nucleares em Cuba, ele anunciou: "Se *eu* tivesse sido um líder cubano ou soviético na época, eu também teria concluído que os americanos pretendiam invadir Cuba. Com base nas evidências disponíveis, vocês tinham razão em chegar a essa conclusão. Mas devo dizer que não tínhamos nenhuma intenção de fazer isso". Ao reconhecer de antemão o que os soviéticos e os cubanos estavam pensando, McNamara os deixou mais abertos a ouvir seu ponto de vista.

Reconheça os sentimentos da outra parte

Não ignore os sentimentos do oponente. Por trás dos ataques muitas vezes está a raiva; por trás da posição inflexível muitas vezes está o medo. Enquanto você não neutralizar as emoções do oponente, seus argumentos sensatos entrarão por um ouvido e sairão pelo outro.

Imagine um subordinado entrando subitamente na sua sala, esbravejando, enfurecido: "Não aguento mais ser enganado! Acabei de descobrir que Dayle Turner ganha muito mais do que eu para fazer o mesmo trabalho. Para mim, chega!".

Tentar explicar por que Dayle ganha mais, mesmo que a empresa tenha boas razões para isso, só vai enfurecer ainda mais o funcionário. É melhor começar reconhecendo os sentimentos dele: "Você acha que a empresa está se aproveitando de você. Entendo seu ponto. Eu provavelmente também ficaria indignado".

Essa não é a reação que seu funcionário espera. Ao reconhecer os sentimentos dele, você o ajudou a se acalmar.

Ele então pergunta: "Por que eu não mereço ganhar o mesmo que Dayle? Afinal, eu faço o mesmo trabalho!".

Ao fazer uma pergunta, mesmo que ainda esteja com raiva, ele mostra que está pronto para ouvir sua explicação. Agora você pode começar a argumentar com ele.

Como esse funcionário, o oponente em uma negociação muitas vezes se sente pressionado e desvalorizado. Você o desarma quando responde aos sentimentos dele com reconhecimento, e não com uma discussão. Dizer algo como "Eu entendo como você se sente" ou "Se estivesse no seu lugar, eu também ficaria com raiva" mostra que você o ouviu e valoriza o que ele disse. Mostrar que você entende *por que* ele se sente assim reforça o reconhecimento.

Mas tome cuidado! As pessoas costumam saber se seu reconhecimento é sincero ou não. Suas intenções, reveladas em seu tom de voz e na linguagem corporal, são tão importantes quanto suas palavras.

Peça desculpas

Uma das maneiras mais eficazes de reconhecimento é um pedido de desculpas. Essa é uma lição que todos nós aprendemos na infância. Se disser a palavra mágica "Desculpe", você pode continuar brincando. Infelizmente, muitas vezes esquecemos essa lição com o tempo. Vejamos o exemplo do professor de Direito da Universidade Columbia que levantou a seguinte questão em sua turma do curso de contratos: "O vendedor promete entregar ao comprador mil itens por mês. As duas primeiras entregas são perfeitas. Mas, no terceiro mês, o vendedor só entrega 990 itens. O comprador fica tão irritado que rejeita a entrega e se recusa a pagar pelos produtos já entregues. Se você fosse o vendedor, o que diria?".[6]

O professor queria uma discussão sobre as várias teorias do Direito que, segundo ele, "permitiriam ao vendedor destruir judicialmente o comprador". Ele passou os olhos pela sala, mas nenhum aluno quis propor uma resposta. "Como acontece muito com alunos do primeiro ano", ele relatou, "notei que todos estavam fazendo anotações ou inspecionando os sapatos. Mas, em meio à sala de alunos apáticos, vi um olhar ansioso, o filho de 8 anos de uma aluna. Ele estava lá porque sua mãe não tinha conseguido encontrar uma babá. De repente, ele levantou a mão. Esse comportamento, mesmo vindo de um menino de 8 anos, precisa ser recompensado. 'Certo', eu disse, 'o que você diria se fosse o vendedor?'. A resposta do menino foi: 'Eu pediria desculpa'."

Como aquele menino parecia saber intuitivamente, "destruir" um oponente não é a resposta certa. Costumamos ignorar o poder de um simples pedido de desculpas. O comprador ficou indignado porque se sentiu injustiçado. O que as pessoas normalmente querem é o reconhecimento de que *elas* foram prejudicadas. Só depois de terem seus sentimentos reconhecidos é que elas se sentem seguras para negociar. Portanto, um pedido de desculpas cria as condições necessárias para resolver a desavença de maneira construtiva.

Seu pedido de desculpas não precisa ser submisso, nem um ato de autorrecriminação. A um cliente insatisfeito, você poderia dizer: "Eu sinto muito por você ter tido esse problema. Você é um dos meus melhores clientes e a última pessoa que eu gostaria de ver insatisfeita. O que eu posso fazer para compensar o transtorno?". Mesmo que o outro lado tenha sido o maior responsável pelo problema, peça desculpas pela parte que lhe cabe. Sua coragem de se desculpar pode desencadear um processo de reconciliação e encorajar o outro lado a pedir desculpas pela parte que cabe a *ele*.

Demonstre confiança

Talvez você tenha receio de que reconhecer o outro lado seja uma demonstração de fraqueza. Pelo contrário, o reconhecimento reflete sua força. Para garantir que o outro lado veja isso, mostre confiança ao reconhecer os sentimentos dele. Quando for atacado pelo outro lado, por exemplo, faça o possível para não demonstrar raiva nem irritação. Adote uma postura e um tom de voz calmos e confiantes. Endireite a postura, faça contato visual e use o nome do oponente. O destemor desarma as pessoas.

Vejamos como um diplomata americano, mantido refém no Irã de 1979 a 1981, assumiu o controle da situação reconhecendo seus oponentes.[7] Sempre que os sequestradores entravam em sua cela, ele os convidava a sentar. "Eles passavam a ser *meus* convidados", explicou o diplomata, "e dessa forma simples eu definia o controle da situação. Eu criava a ideia de que aquele era *meu* espaço, *meu* território, o que fazia maravilhas para meu bem-estar".

Concorde sempre que puder

Depois de ouvir o outro lado e reconhecer o que foi dito, o próximo passo é concordar sempre que possível. É difícil para seu oponente atacar alguém que concorda com ele.

Concorde sem fazer concessões

Você não precisa fazer nenhuma concessão. Basta se concentrar nas questões com as quais você já concorda. Um senador americano[8] disse à sua equipe: "Não discutam com meus eleitores, mesmo se eles estiverem errados. Vocês só vão perder votos com isso. Façam o *contrário* do que aprenderam na faculdade. Lá, se alguém dizia algo com que vocês concordavam 99% do tempo, vocês diziam: 'Eu discordo' e se concentravam no 1% de discordância. Aqui, se um eleitor meu diz algo de que vocês discordam 99% do tempo, eu quero que digam: 'Eu concordo com você' e se concentrem no 1% com que vocês concordam". É natural concentrar-se nas diferenças. Afinal, são as diferenças que causam o problema. Mas, no começo, é melhor se concentrar nos pontos em comum.

Busque qualquer oportunidade de concordar, mesmo que seja só uma forma de descontrair. O senso de humor tem o benefício adicional de humanizá-lo aos olhos do oponente. Considere o exemplo de um representante da ONG United Way que, um dia, foi pedir doações para um grupo de caminhoneiros que estava chegando ao trabalho às seis horas da manhã.[9] Naquela hora, ninguém tinha o menor interesse no trabalho da United Way, mas o chefe tinha exigido que os motoristas comparecessem à reunião. Quando o representante da ONG passou um vídeo sobre o trabalho que realizava, percebeu o clima ficando tenso. Quando distribuiu canetas e os cartões de doação, os caminhoneiros só olharam para ele, sem fazer nada. Até que um caminhoneiro corpulento levantou-se, sacudiu a caneta de maneira ameaçadora para o arrecadador de fundos e esbravejou: "Vou lhe mostrar o que você pode fazer com esta caneta!".

Todos ficaram em silêncio, esperando para ver a reação do representante. Mas este olhou diretamente nos olhos do caminhoneiro e disse tranquilamente: "Ficarei feliz em fazer o que o senhor quiser com essa caneta...", ele fez uma pausa e depois acrescentou: "... mas *depois* que o senhor assinar o cartão de doação, é claro". Houve um breve momento de silêncio e alguém caiu na gargalhada. De repente, a sala toda estava rindo, e a tensão havia se dissipado. No fim, todos os caminhoneiros fizeram uma doação.

Acumule "sins"

A palavra-chave de qualquer acordo é "sim". O sim é uma palavra mágica, uma ferramenta espetacular para desarmar o outro lado. Procure ocasiões em que você possa dizer sim sem fazer concessões. "Sim, esse é um bom argumento", "Sim, concordo com você". Diga sim sempre que possível.

Você também deve tentar *obter* o maior número possível de "sins". Por exemplo, um político pode usar essa técnica para lidar com comentários hostis. Se alguém disser: "Sua proposta é totalmente infundada", ele pode responder: "O senhor está dizendo que não entende como minha proposta de orçamento poderia eliminar o déficit em cinco anos, é isso o que quer dizer?". O oponente diz que sim e, quando isso acontece, a relação entre o político e o oponente se transforma. O sim transforma uma discussão antagônica no início de um diálogo racional.

Cada sim que você obtém do outro lado reduz ainda mais a tensão. À medida que você acumula essas respostas positivas, mesmo que seja só para o outro lado concordar com o que ele próprio está dizendo, você aumenta as chances de ele dizer sim a uma proposta importante.

Sintonize-se na frequência do oponente

Um sim nem sempre precisa ser verbalizado. Se você observar dois amigos conversando animadamente, é provável que note algo interessante. Se um amigo apoia um cotovelo na mesa, o outro faz o mesmo. Se um deles começa a falar em voz baixa, o outro também fala. Quase inconscientemente, eles se alinham para melhorar a comunicação. Um envia ao outro uma mensagem sutil: "Eu sou como você".

Grande parte da mensagem é transmitida pela forma da comunicação, não pelo conteúdo. Observe o estilo de comunicação do outro lado. Se ele fala devagar, desacelere sua fala. Se ele fala em voz baixa, fale assim também. Observe ainda a postura corporal dele. Se ele se inclina para a frente para enfatizar um ponto, incline-se também, para demonstrar seu interesse. Não imite. Basta adaptar seu estilo de comunicação para ser mais parecido com o dele. A ideia é se sintonizar na frequência do outro lado.

Também é interessante observar o vocabulário do outro lado. Se ele usa expressões informais, evite ser formal demais. Se ele é de uma cultura diferente, pode ser interessante aprender e usar algumas frases polidas da língua *dele* para mostrar seu interesse e respeito.

As pessoas também usam diferentes "linguagens sensoriais", dependendo do principal sentido que usam para processar informações, sejam os olhos, os ouvidos ou as sensações.[10] Se o outro lado usa sobretudo termos visuais, como "Você não consegue *ver* o que estou dizendo?" ou "*Veja* bem...", tente usar frases parecidas: "Estou *vendo* que você está ficando irritado" ou "Proponho *focar* isto". Se ele usa principalmente termos auditivos, como "*Ouça* bem o que estou dizendo", diga algo como "Sim, estou *ouvindo*". Se a linguagem dele gira em torno de sensações, como "A *sensação* que tenho é que...", responda com frases do tipo "Também não me *sinto* muito à vontade com isso". Conecte-se com o outro lado, usando a linguagem que ele entende melhor.

Reconheça a pessoa

Ao ouvir o outro lado, reconhecer os pontos de vista dele e concordar sempre que possível, você está reconhecendo a pessoa. Você está demonstrando respeito. Mas, em algumas situações, pode ser interessante reconhecê-lo de modo mais direto.

Considere uma das disputas mais espinhosas do mundo: o conflito árabe-israelense. Até 1977, os líderes árabes se recusavam a reconhecer a existência de Israel; eles não queriam nem mesmo usar o nome do país. Então, em novembro daquele ano, o presidente egípcio Anwar Sadat quebrou o tabu em sua dramática visita a Jerusalém. Nada poderia ter sido mais surpreendente para os israelenses, mais confuso para tudo o que achavam dos egípcios ou mais apaziguador do que a visita de um líder inimigo ao país que o exército dele tinha atacado apenas quatro anos antes. Com essa única ação, Sadat rompeu a barreira psicológica que constituía, em suas palavras, 90% do conflito. Ele criou um clima que acabou levando a um tratado de paz entre Egito e Israel que muitos consideravam impossível.

Ao reconhecer a pessoa, você cria o que os psicólogos chamam de "dissonância cognitiva", uma discrepância entre a percepção e a realidade. O outro lado pode vê-lo como um adversário. Quando você o reconhece como pessoa, está agindo como um amigo ou colega e, assim, o induz a mudar o que ele pensa sobre você para reduzir a dissonância cognitiva. Tal como Sadat aproveitou a percepção que os israelenses tinham dele como um instigador de guerras, você pode usar o que o outro lado pensa de você e agir para derrubar estereótipos.

Reconhecer a pessoa não significa reconhecer o comportamento. Os pais continuam amando o filho de 8 anos mesmo depois de ele pintar as paredes com giz de cera e tentar estrangular a irmãzinha. Você precisa fazer a distinção entre a pessoa e o comportamento.

Reconheça a autoridade e a competência do outro lado

Suponha que você esteja tentando convencer um chefe difícil a mudar de ideia sobre um problema no escritório. Ele pode achar que você está questionando a autoridade ou a competência dele. Ele se pergunta se você não está insinuando que, de algum modo, ele é incompetente ou fraco. E, provavelmente, reagirá resistindo ainda mais ao que você tem a dizer. Para demonstrar que você não está fazendo uma crítica pessoal, é interessante começar suas observações com expressões como "Você é o chefe" ou "Eu respeito sua autoridade".

Se o outro lado tiver um ego grande ou vulnerável, pense nisso como uma oportunidade, e não como um obstáculo. A pessoa cujo ego precisa ser massageado é dependente do reconhecimento dos outros. Se você puder satisfazer essa necessidade de reconhecimento, pode desarmá-la. Se quer que um burocrata arrogante ou inseguro faça uma exceção à política da empresa, você pode começar dizendo: "Me disseram que você é o especialista da empresa sobre essa política". Para reforçar a credibilidade do seu reconhecimento, baseie-se em fatos. Em vez de dizer a um rival do departamento "Você é o melhor vendedor da empresa", o que ele pode interpretar como mera bajulação, você pode dizer: "Aquela sua apresentação à diretoria foi incrivelmente sucinta, convincente e objetiva. Acho que foi a melhor apresentação que já vi aqui na empresa".

Crie um bom relacionamento

Uma das melhores maneiras de reconhecer o outro lado é criar um bom relacionamento com ele. Convide-o para um café, um almoço ou um happy hour. Você pode usar essas ocasiões para conversar sobre os hobbies ou a família dele, ou qualquer outro interesse que ele tenha. Reserve um tempo para uma conversa informal antes e depois da sessão de negociação. Esses pequenos gestos podem ajudar muito.

Um bom relacionamento no trabalho é como uma poupança que você poderá usar em momentos de dificuldade. Quando lidamos com alguém que conhecemos e de quem gostamos, tendemos a relacionar eventos adversos a circunstâncias atenuantes: "Ele não participou da reunião porque deve estar doente". Quando lidamos com alguém de quem não gostamos, tendemos a atribuir os mesmos eventos à natureza inerente da pessoa: "Ele quer me deixar esperando só para me mostrar que manda mais". Em resumo, se você tiver um relacionamento positivo com o outro lado, ele ficará mais aberto a lhe dar o benefício da dúvida. Isso ajuda a evitar mal-entendidos.

O melhor momento para criar um bom relacionamento é *antes* de um problema surgir. Portanto, se há alguma chance de seu trabalho colocá-lo em conflito com um colega, comece a reforçar o relacionamento o quanto antes. Um gerente de produção deve ter um bom relacionamento com o gerente de marketing; um líder sindical deve ter um bom relacionamento com a diretoria da empresa; o diretor de uma escola deve ter um bom relacionamento com o conselho escolar. Quando o outro lado está sendo difícil, é interessante poder dizer "Poxa, Chris... A gente sempre se deu bem. Nós trabalhamos juntos há tanto tempo".

Expresse seu ponto de vista, mas sem provocar

Depois que você ouvir e reconhecer o outro lado, ele vai ter muito mais chances de ouvir o que *você* tem a dizer. Essa é a hora de comunicar seu ponto de vista. Mas é importante fazer isso evitando que ele se feche.

O segredo está em mudar seu próprio jeito de pensar. A mentalidade normal é de *exclusão*: ou é você que está certo ou é o outro lado. A mentalidade alternativa é de *inclusão*. Ele pode estar certo com base na experiência dele e você pode estar certo com base na sua experiência. Você pode dizer: "Entendo por que você acha isso. Faz muito sentido, pensando na experiência que você teve. Já eu tive uma experiência diferente...". Você pode reconhecer a opinião dele e, sem contestá-la, expressar uma opinião contrária. Você pode criar um clima de inclusão no qual as diferenças coexistam pacificamente enquanto você tenta reconciliá-las.

Não diga "mas", diga "sim... e"

Um dos métodos mais comuns de expressar diferenças é começar a expor seu ponto de vista com a palavra "mas". Quando o cliente diz "Seu preço está alto demais", você pode ter o impulso de refutar dizendo "*Mas* você não vai encontrar um produto melhor no mercado!". O problema é que, quando o cliente ouve um "mas", ele pode ouvir "Acho que você está errado pelas seguintes razões...". E, como seria de esperar, ele pode se fechar a seus argumentos.

O outro lado será mais receptivo se você começar reconhecendo os pontos de vista dele com um "sim" e, em seguida, apresentar seu próprio ponto de vista com um "e". Quando o cliente reclama do preço alto, você pode dizer: "*Sim*, você tem toda a razão em dizer que nosso preço é alto. *E* o que essa diferença garante é uma qualidade melhor, mais confiabilidade e o melhor atendimento do mercado!".

Até uma desavença direta pode ser ajustada para ser inclusiva: "Estou vendo que você tem uma opinião forte sobre essa questão e eu respeito isso. Se quiser, posso dizer como eu vejo a situação" ou "Concordo totalmente com o que você quer fazer. O que você talvez não tenha levado em consideração é que...". Sejam quais forem as palavras que você usar, a ideia é apresentar seus pontos de vista como um complemento, não como uma contradição direta do ponto de vista do oponente.

Formule frases com "eu", e não com "você"[11]

Ao expressar seus pontos de vista, você terá menos chances de provocar o outro lado se falar sobre si mesmo, e não sobre ele. Afinal, você só tem como conhecer sua própria experiência.

Suponha que você esteja lidando com um adolescente difícil que havia prometido voltar para casa à meia-noite, mas só voltou às 3 da manhã. Você pode expressar sua opinião dizendo: "Você não cumpriu sua promessa! É um irresponsável mesmo!". Ou "Você não se importa com ninguém além de você. Nunca pensa na sua família!". Quando você faz isso, está falando pelo outro lado. O adolescente naturalmente vai ficar na defensiva e com raiva. Ele se fechará ao que você tem a dizer.

Em vez disso, você pode dizer: "Ken, fiquei decepcionado ontem à noite. Eu não parava de pensar na possibilidade de algo terrível ter acontecido com você. Cheguei a ligar para a polícia rodoviária para ver se você não tinha sofrido um acidente". Em vez de atacar, você expressa seus sentimentos e sua experiência. Quando faz isso, você fala por você. A mensagem é a mesma, mas, dita dessa maneira, o outro lado tem mais chances de se abrir para seu ponto de vista.

A ideia de falar por si próprio é descrever como você é afetado pelo problema. Você informa o outro lado sobre as consequências do comportamento dele de uma maneira que será difícil para ele rejeitar. Afinal, você está falando da sua própria experiência. Você pode usar frases como: "Sinto que...", "Eu fico chateado quando...", "Eu fico incomodado com..." e "Do meu ponto de vista...".

Quando você fala por si, e não pelo outro, não está questionando o ponto de vista dele, mas simplesmente lhe apresentando uma perspectiva diferente: a sua. Você não lhe diz o que fazer, como pensar nem como sentir. Ele tem o direito de ter as próprias opiniões e você tem direito de ter as suas.

Note que apenas colocar um "eu" antes de falar pelo outro não significa que você está falando por você. Dizer ao seu filho adolescente "Eu acho que você foi irresponsável" ou "Eu acho que você quebrou sua promessa" continua sendo uma acusação e provoca a mesma reação defensiva. Falar por você mesmo deve se concentrar em suas necessidades, preocupações, sentimentos e desejos, não nas falhas do outro.

Defenda-se

Não hesite em se defender. Quando ameaçado pelo caminhoneiro, o arrecadador de fundos da United Way simplesmente fez uma piada para reconhecer o confronto. Depois de dizer "Ficarei feliz em fazer o que o senhor quiser com essa caneta...", ele acrescentou: "... mas *depois* que o senhor assinar o cartão de doação". Com isso, ele defendeu a si mesmo e a instituição que representava.

Defender-se não anula seu reconhecimento em relação ao outro. O reconhecimento vindo de uma pessoa considerada confiante e forte tem mais força do que o reconhecimento vindo de alguém considerado fraco. A combinação de respostas aparentemente opostas – reconhecer as opiniões do oponente e expressar as próprias opiniões – tem mais efeito do que qualquer uma dessas respostas sozinha.

Vejamos o exemplo de pais que se veem diante do choro incontrolável de uma criança de 5 anos que se recusa a ficar com a babá. Eles deveriam ceder às exigências da criança e dispensar a babá? Deveriam ameaçar deixar a criança de castigo ou prometer dar um brinquedo novo se ela aceitar ficar com a babá? Um psicólogo infantil sugere uma terceira estratégia.[12] Com empatia, diga à criança: "Sei que você gostaria que a gente ficasse em casa hoje. Às vezes, quando não estamos aqui, você pode ficar com medo. Você preferiria que a gente ficasse aqui, mas temos um jantar para ir. Amanhã nós vamos jantar em casa com você". Reconheça o ponto de vista do outro *e* defenda seu próprio ponto de vista.

Reconheça as diferenças com otimismo

Dizer que concorda com o outro lado não significa suprimir as diferenças entre vocês. Na verdade, é recomendável reconhecer essas diferenças abertamente. O outro lado fica sabendo que você entendeu a perspectiva dele, o que o ajuda a relaxar. Em muitos conflitos étnicos, por exemplo, os dois lados só ficam à vontade para reconhecer os pontos em comum *depois* de terem esclarecido os pontos de discordância.

Ao exporem suas diferenças, vocês podem perceber que elas são menores do que imaginavam. Mas, em outras ocasiões, elas podem parecer intransponíveis. Por isso, é fundamental manter uma postura otimista. Confirme seu interesse em chegar a um acordo e reforce que você acredita na possibilidade de chegar a uma solução satisfatória: "Acho que podemos chegar a um acordo". Não tenha medo de reconhecer as opiniões do outro lado, de expressar sua própria opinião, nem de se mostrar otimista de que as diferenças entre vocês poderão ser resolvidas.

Crie um clima favorável para a negociação

Em resumo, os obstáculos que você terá de enfrentar são a suspeita e a hostilidade do outro lado, a falta de abertura para ouvir e o desrespeito. Sua melhor estratégia é passar para o lado do oponente. É mais difícil ser hostil com alguém que ouve o que você tem a dizer e reconhece sua opinião e seus sentimentos. E é mais fácil ouvir alguém que ouve o que você tem a dizer. Respeito gera respeito.

Agradavelmente surpreso com seu comportamento, o oponente pode pensar: "Ele parece mesmo entender e valorizar meu problema. Como quase ninguém faz isso, ele deve ser uma pessoa inteligente". E a conclusão é: "Acho que vai dar para negociar com ele". Essa é a fenda na muralha que você está procurando.

Para concluir, vamos voltar à negociação entre a AT&T e a Boeing, descrita no início do capítulo. Diante do impasse na negociação, o líder de vendas da AT&T pediu uma reunião privada com o diretor de compras da Boeing. Foi assim que ele começou:

"Passei este tempo todo tentando entender suas preocupações. Corrija-me se eu estiver errado. Parece-me que o senhor e seus colegas da Boeing acham que estamos tentando enganar vocês por termos dito que vamos lhes dar todos esses serviços, mas, ao mesmo tempo, por nos recusarmos a registrar os termos por escrito e nos responsabilizar por eles. Fica parecendo mesmo que estamos com más intenções. É natural ficar frustrado e não ver sentido em prosseguir com as negociações. Eu entendi direito?"

"É isso mesmo!", o comprador da Boeing respondeu, inflamado. "Como podemos confiar no que vocês dizem? Se *nós* estivéssemos negociando a venda de um avião e informássemos ao comprador as especificações de segurança, mas depois nos recusássemos a colocá-las no papel, o comprador não hesitaria em nos dar as costas. E acho que ele teria razão. Se não nos responsabilizássemos pelos nossos produtos, não deveríamos nem estar no negócio de produção de aeronaves. Se *vocês* não se comprometem com suas promessas, nem deveriam atuar no negócio de comunicações!"

"O senhor tem toda a razão", reconheceu o líder de vendas da AT&T. *"Eu* pensaria do mesmo jeito se estivesse no seu lugar!"

Surpreso, o negociador da Boeing perguntou: "Então, *por que* vocês não concordam em colocar suas promessas por escrito, nem querem se comprometer a pagar uma indenização caso não cumpram as promessas?".

O representante da AT&T respondeu: "Nós vamos colocar nossas promessas por escrito. Nossa dificuldade é a indenização, e é sobre isso que eu gostaria de conversar com o senhor. Antes disso, gostaria de esclarecer o que nos levou ao impasse. Acho que até eu só estou começando a entender agora. Pelo que ouvi do senhor, a Boeing tem uma cultura que poderíamos chamar de 'cultura de engenharia'. Na indústria de aeronaves, incertezas e erros são recebidos com tolerância zero. Afinal, a vida das pessoas está em jogo. Então, se vocês prometem determinada especificação de segurança, essa promessa precisa ser cumprida de qualquer jeito. E, é claro, tudo tem de ser claramente especificado por escrito. Faz sentido o que estou dizendo?"

"Sim, o que você está dizendo está certo, mas não vejo o que isso tem a ver com nosso problema", respondeu o comprador da Boeing.

"Vou tentar explicar por que acho que isso tem tudo a ver com nosso problema. Na AT&T, nós também temos engenheiros, mas nosso negócio principal está na prestação de serviços. Por isso, nossa cultura é mais uma 'cultura de relacionamento'. Para nós, o relacionamento com os clientes é vital para o negócio. Se o cliente não fica satisfeito, nós não ficamos satisfeitos. E é por isso que somos reconhecidos no mercado. Por exemplo, se sua mãe lhe diz que vai fazer o almoço e levá-lo para a escola, você não diz a ela: 'Tudo bem, mamãe, agora coloque isso por escrito e prometa me pagar uma indenização caso o seu plano não dê certo', não é mesmo?"

"Claro que não."

"Você espera que ela vá fazer o melhor possível. É claro que há uma grande diferença entre uma família e uma empresa, mas isso dá uma ideia do que estou querendo dizer. Nós fazemos promessas orais, esperando cumpri-las. O senhor já deve saber que temos uma excelente reputação no mercado. Para nós, foi uma experiência nova sermos recebidos com desconfiança e exigências de indenização. Foi por isso que meio que discordamos na nossa última reunião. O senhor estava falando com base em sua experiência em um setor e estava coberto de razão, e nós estávamos falando com base na nossa experiência em nosso setor. Faz sentido?"

"Está começando a fazer sentido. Agora, o que eu queria saber..."

Com isso, as negociações foram retomadas.

Como foi que o líder de vendas da AT&T conseguiu retomar a negociação, que parecia perdida? Ele se adiantou às preocupações da Boeing e as reconheceu. Ele ouviu. Ele não tentou refutar o argumento do cliente nem defender a AT&T. Ele simplesmente reconheceu que o cliente tinha razão. Uma vez que o ponto de vista do negociador da Boeing foi compreendido e valorizado, a raiva dele diminuiu e ele ficou mais aberto a ouvir, convidando o representante da AT&T a expor sua explicação. Em suma, o líder de vendas começou passando para o lado do comprador. E só depois explicou seu ponto de vista. No fim, ele conseguiu neutralizar as suspeitas do cliente, levá-lo a ouvir e conquistar seu respeito. Pouco tempo depois, a AT&T e a Boeing fecharam um acordo no valor de 150 milhões de dólares.

3

NÃO REJEITE:
MUDE A PERSPECTIVA

"Astúcia ao vício oporei."
– William Shakespeare, *Medida por medida*

Agora que você criou um clima favorável para a negociação, seu próximo desafio é mudar o jogo. O problema é que, apesar de você estar aberto para conversar sobre os *interesses* dos dois lados e sobre como satisfazê-los, o outro lado provavelmente vai insistir em manter a *posição* dele. Mesmo que você se mostre flexível, ele pode se manter inflexível. Mesmo que você queira atacar o problema de frente, ele pode querer atacar você. Vejamos a negociação a seguir:

> DIRETOR DE ORÇAMENTO: Não vou aceitar nada menos do que um corte de 10% no seu orçamento. Conto com você, ok?

> DIRETOR DE MARKETING: É impossível. Não dá para fazer nada com isso.

> DIRETOR DE ORÇAMENTO: Sinto muito, mas já informei os outros departamentos que você vai aceitar o corte. Caso contrário, o trabalho de todos os outros departamentos ficará comprometido.

DIRETOR DE MARKETING: Entendo o seu problema, mas tente entender o meu. Acabei de instituir um novo plano no meu departamento que vai aumentar a produtividade e levar a uma grande economia de custos, mas não tenho como implantá-lo com um corte de 10%. Será que não temos como cooperar e tentar chegar a uma solução que seja boa para a empresa toda?

DIRETOR DE ORÇAMENTO: É exatamente o que eu quero: a sua cooperação. Vou dizer que você aceitou o corte. Combinado?

DIRETOR DE MARKETING: Me desculpe, mas não posso concordar com isso.

DIRETOR DE ORÇAMENTO: Veja bem, eu não quero lhe causar nenhum problema, mas preciso desse corte de orçamento agora.

DIRETOR DE MARKETING: E se eu aceitar um corte de 6%? Já vai ajudá-lo a atingir sua meta. O que você me diz?

DIRETOR DE ORÇAMENTO: Bem, isso facilita as coisas. Agora só falta você descobrir de onde tirar os outros 4%.

DIRETOR DE MARKETING: Não tenho como cortar mais de 6%.

DIRETOR DE ORÇAMENTO: O presidente vai saber disso!

O que você pode fazer quando o outro lado assume uma posição inflexível? E se a pessoa cravar a bandeira em uma posição ("Não vou aceitar nada menos do que um corte de 10% no seu orçamento"), ameaçar ("O presidente vai ficar sabendo disso!") ou apresentar a proposta como se já fosse um fato consumado ("Eu já informei os outros departamentos que você vai aceitar o corte")?

Uma vez que a exigência do outro lado lhe parece insensata, seu primeiro impulso é rejeitá-la imediatamente.

106 Supere o não

Você reage à posição do outro lado tentando forçar a sua. E, naturalmente, o outro lado rejeita a sua posição e se atém à dele. Mesmo que você volte com uma concessão razoável, o outro lado pode interpretar sua proposta como um sinal de fraqueza, aceitar a concessão e continuar pressionando. Quando você vê, já foi arrastado de volta ao jogo duro do oponente, exatamente o que você queria evitar.

Como convencer o outro lado a entrar no *seu* jogo, ou seja, a negociar para resolver os problemas?

Para mudar o jogo, mude a perspectiva

Lembre-se do segredo de Sadaharu Oh, o grande rebatedor japonês de beisebol. Oh via o arremessador adversário como um *parceiro* que, a cada arremesso, lhe dava uma *oportunidade* de bater um *home run*. Ele mudava o jogo *mudando a perspectiva* da situação.

Para mudar o jogo da negociação, você precisa fazer o mesmo. Faça o contrário de sua reação imediata. Trate o oponente como um parceiro. Em vez de rejeitar o que ele diz, aceite o que é dito... e veja isso como uma chance de conversar sobre o problema.

Mudar a perspectiva significa redirecionar o foco do outro lado, afastando-o das *posições* e aproximando-o da tarefa de identificar interesses, pensar em opções criativas e conversar sobre padrões justos para escolher uma opção. A ideia é reformular o discurso do outro lado, centrado nas posições. Em vez de rejeitar a posição linha-dura do oponente, você usa as informações dele para contribuir

Não rejeite: Mude a perspectiva 107

para a negociação. Mude a perspectiva dizendo: "O que você acabou de dizer é muito interessante... *Por que* você quer isso? Eu gostaria da sua ajuda para entender o problema que você está tentando resolver". Assim que o outro lado responde, o foco da conversa muda de posições para interesses. Você acabou de mudar o jogo.

Vejamos o exemplo a seguir[1]: em 1979, nos Estados Unidos, o tratado sobre limites para armas estratégicas estava em processo de aprovação no Senado americano. Para obter a maioria de dois terços necessária, os líderes do Senado queriam incluir uma emenda, o que exigia a aprovação da União Soviética. Como Joseph R. Biden Jr., um jovem senador americano, estava prestes a viajar para Moscou, os líderes do Senado lhe pediram que levantasse a questão com o ministro das Relações Exteriores soviético, Andrei Gromyko.

O jogo em Moscou seria totalmente desequilibrado: um senador principiante negociando com um diplomata intransigente, com ampla experiência política. Gromyko abriu a reunião com um eloquente discurso de uma hora sobre como os soviéticos sempre haviam ficado atrás dos americanos na corrida armamentista. Com uma argumentação contundente, ele concluiu que a emenda favorecia os americanos e que, portanto, o Senado deveria aprovar o tratado original, sem alterações. A posição de Gromyko para a proposta de alteração do tratado foi um eloquente *nyet*.

Quando chegou a vez de Biden falar, em vez de argumentar com Gromyko e assumir uma posição contrária, ele declarou, séria e calmamente: "Sr. Gromyko, vejo que apresentou argumentos muito convincentes. Concordo com grande parte do que o senhor disse. O problema é que, quando eu levar sua resposta ao Senado, temo que alguns senadores, como Goldwater ou Helms, não ficarão convencidos, e a preocupação deles pode acabar influenciando os outros". Biden continuou expondo suas preocupações. "O senhor tem mais experiência em controle de armas do que qualquer outra pessoa no mundo. O que *o senhor* me aconselharia a dizer para meus colegas do Senado?"

Gromyko não resistiu à tentação de aconselhar o jovem e inexperiente americano. Ele se pôs a dar suas recomendações sobre o que Biden poderia dizer aos senadores desconfiados. Um a um, Biden foi expondo os argumentos que os senadores poderiam levantar e Gromyko analisou cada um deles. No fim, percebendo, talvez pela primeira vez, como a emenda ajudaria a conquistar o voto dos senadores, Gromyko reverteu sua posição e deu seu consentimento.

Em vez de *rejeitar* a posição de Gromyko, o que levaria a uma discussão baseada em posições, Biden agiu como se o soviético estivesse interessado em resolver os problemas e pediu seu conselho. Ele *mudou a perspectiva* da conversa, transformando-a em um diálogo construtivo sobre como lidar com as preocupações dos senadores e obter a aprovação do tratado.

Essa abordagem é eficaz porque todas as mensagens são sujeitas a diferentes interpretações. Você tem nas mãos o *poder da percepção positiva*, a capacidade de colocar uma perspectiva de resolução de problemas em tudo o que o outro lado diz. O outro lado normalmente concorda com sua reinterpretação, como aconteceu com Gromyko, em parte porque é pego de surpresa quando você não rejeita a posição dele e em parte porque não quer perder a chance de continuar falando.

Como ele está focado no *resultado* da negociação, pode nem perceber que você alterou sutilmente o *processo*. Em vez de se concentrar em posições conflitantes, você está focado em encontrar a melhor maneira de satisfazer os interesses dos dois. Você não precisa pedir a permissão do outro lado. Basta começar a jogar o novo jogo.

Mudar a perspectiva é uma das melhores técnicas de negociação. *A melhor maneira de mudar o jogo é mudar a perspectiva.*

Faça perguntas para resolver problemas

A maneira mais simples de direcionar a atenção do outro lado para o problema é expor o problema. No entanto, fazer afirmações pode facilmente levar o outro lado a resistir. A melhor abordagem é fazer perguntas. Em vez de dar a resposta certa ao oponente, tente fazer a pergunta certa. Em vez de tentar instruir o oponente sobre o problema, *deixe que o problema seja o professor.*

A melhor ferramenta para mudar a perspectiva numa negociação é a pergunta focada na resolução de problemas. Uma pergunta desse tipo volta a atenção para os interesses dos dois lados, para as opções que podem satisfazer esses interesses e para os padrões de justiça que podem resolver as diferenças. Veja a seguir algumas das perguntas mais úteis.

Pergunte "por quê?"

Em vez de tratar a posição do outro lado como um obstáculo, trate-a como uma oportunidade. Quando ele revela a posição dele, você passa a ter informações valiosas sobre o que ele quer. Peça que ele diga mais, perguntando: "Por que você quer isso?", "Qual é o problema?" ou "Quais são suas preocupações?". Descubra o que realmente o motiva.

A maneira como você faz a pergunta é tão importante quanto *o que* você pergunta. Perguntar diretamente pode soar como um confronto, então faça a pergunta de maneira indireta: "Não sei se estou entendendo direito por que você quer isso", "Você poderia me ajudar a entender por que isso é importante para você?" ou "Parece que isso é muito importante para você... eu gostaria de saber por quê". Começar a pergunta com um reconhecimento sempre ajuda: "Entendo o que você está dizendo. Tenho certeza de que a política da empresa tem uma boa razão para ser assim... você poderia me explicar?". Ao demonstrar seu interesse e respeito, não esqueça que seu tom de voz, suas expressões faciais e a linguagem corporal são tão importantes quanto suas palavras.

Fazer perguntas para descobrir interesses é como retirar camadas de uma cebola. Você vai retirando camada após camada, como na conversa a seguir:

"Por que você quer sair da empresa?", perguntou o sócio sênior de um escritório de advocacia em Nova York.

"Porque preciso ganhar mais, e vocês não me dão um aumento", respondeu o funcionário.

"Qual é o problema?"

"Bem, acabei de ter outro filho, e precisamos nos mudar para um apartamento maior."

"Então, qual é o problema?"

"Não conseguimos encontrar um imóvel de preço acessível."

Assim que o sócio descobriu o xis da questão, ele usou sua rede de conhecidos para encontrar para o funcionário um apartamento que ele pudesse pagar. O funcionário acabou ficando mais trinta anos no escritório e hoje também é um sócio sênior. A persistência na investigação dos interesses do funcionário ajudou a levar a um acordo mutuamente satisfatório.

Não esqueça que os interesses do oponente podem envolver outras pessoas ou grupos. A posição linha-dura do oponente pode ter menos relação com suas próprias preocupações do que com as preocupações do chefe, da diretoria, dos acionistas, do sindicato ou dos familiares. Pergunte também sobre os interesses *deles*.

Pergunte "por que não?"

Se o outro lado está relutante em revelar os próprios interesses, tente contornar a barreira. Se não adianta perguntar "por quê?", tente perguntar "por que não?". Proponha uma opção e pergunte "Por que não fazer desse jeito?" ou "Qual seria o problema dessa abordagem?". As pessoas que relutam em revelar seus interesses costumam gostar de criticar. Se você estiver negociando um orçamento e perguntar "Por que não podemos cortar o orçamento do marketing?", a diretora de marketing pode muito bem responder: "Vou lhe dizer por quê. As vendas vão despencar, o conselho de administração não vai sair do nosso pé e vou acabar no olho da rua". Sem se dar conta, ela acabou de lhe fornecer informações valiosas sobre os interesses dela: ela se preocupa com as vendas, com a pressão do conselho de administração e com a manutenção do próprio emprego.

Se mesmo assim o outro lado não revelar seus interesses, levante algumas possibilidades e peça para que ele o corrija. Se você estiver tentando convencer um fornecedor relutante a acelerar a produção, pode dizer: "Se eu entendi direito o que você está dizendo, você quer manter custos baixos e alta qualidade, sem comprometer a manutenção. É isso mesmo?". Poucas pessoas resistem à tentação de corrigir o outro. O fornecedor pode responder: "Não é bem assim. Você esqueceu disto e daquilo...", e ele começa a discorrer sobre os próprios interesses.

Se mesmo assim o outro lado resistir, ele pode estar com medo de você usar as informações para se aproveitar dele. Para conquistar a confiança dele e tranquilizá-lo, revele primeiro seus interesses: "Eu gostaria de acelerar a produção para entrar no novo mercado que está surgindo. Meus distribuidores estão me pressionando pelo produto, e tenho medo de perder a credibilidade com eles. Você pode me falar um pouco sobre as restrições que dificultam acelerar a produção?". Se você se sentir vulnerável demais revelando seus interesses, não precisa abrir todo o jogo logo de cara. Dê ao outro lado algumas informações sobre seus interesses, pergunte sobre os interesses dele, dê um pouco mais de informações sobre os seus, e assim por diante. Vá conquistando a confiança dele aos poucos.

Pergunte "e se?"

O próximo passo é levar o outro lado a falar sobre as opções. Para lançar uma série de possíveis soluções *sem* contestar a posição do outro lado, use uma das expressões mais eficazes do arsenal de qualquer negociador: "E se?".

Suponha que seu cliente afirme: "Só tenho verba para pagar este valor pelo seu projeto de consultoria. Não posso pagar nem um centavo a mais!". Diante disso, pergunte: "*E se* estendêssemos os prazos do projeto de modo que o valor excedente entrasse no orçamento do próximo ano?". Ou "*E se* reduzíssemos o escopo do projeto para que ele se adaptasse à sua verba?". Ou "*E se* o ajudássemos a mostrar a seu chefe como os benefícios para sua empresa justificariam o pedido de uma verba maior?". Se seu cliente acatar qualquer uma dessas opções, você terá mudado o jogo. De repente, vocês se verão explorando juntos as opções.

Transforme a conversa em uma sessão de *brainstorming*. Pegue a posição de seu oponente e mude a perspectiva para transformá-la em apenas uma entre muitas opções possíveis. Suponha, por exemplo, que você e seu marido estejam decidindo onde passar as férias de fim de ano. Ele insiste em ir visitar os pais. Em vez de rejeitar a proposta, você poderia dizer: "Sim, essa é uma possibilidade...".

Proponha então uma ou duas opções e peça para seu marido sugerir mais: "Outra possibilidade, claro, seria ir visitar a minha família... E se a gente dividisse? Poderíamos passar o Natal com sua família e o Ano Novo com a minha. Você tem alguma outra ideia?".

Se o outro lado começar a criticar suas opções, você pode dizer: "Estou aberta a ouvir suas críticas, mas será que não poderíamos colocar todas as opções na mesa antes? Aí podemos ver qual é melhor". Como a crítica inibe a criatividade, pense primeiro nas opções e deixe para avaliá-las depois.

Peça o conselho do oponente

Outra maneira de envolver o oponente em um diálogo é pedir o conselho dele. Essa talvez seja a última coisa que ele espera que você faça. Pergunte: "O que você sugere que eu faça?", "O que você faria se estivesse no meu lugar?" ou "O que você diria a meus eleitores?". Foi essa abordagem que o senador Biden adotou com o ministro Gromyko.

As pessoas ficam lisonjeadas quando alguém lhes pede conselhos. Na prática, você está reconhecendo a competência e o status do outro lado. Essa atitude não só desarma o oponente, como também dá a você a chance de falar sobre seu problema e as restrições que você enfrenta.

Imagine que você tenha que convencer um burocrata teimoso a aprovar uma exceção à política da empresa. Você sabe que, se perguntar diretamente, ele vai se irritar e reclamar de você e de todos os outros funcionários que tentam burlar as regras. Nesse caso, é melhor dizer: "Sr. Talbot, me disseram que você é a pessoa que mais conhece as políticas da empresa. Estou com um problema e gostaria do seu conselho". Depois de explicar a situação, você pergunta: "O que o senhor sugere que eu faça?".

Uma vez que você engaja o outro lado no seu problema, ele vai querer manter a imagem positiva e poderosa que você fez dele. Em geral, ele mesmo vai se sair com uma solução para seu problema. No caso, o sr. Talbot pode lhe conceder uma exceção à política.

No entanto, se ele disser que a política não tem como ser mudada, reconheça as preocupações dele e continue pedindo conselhos: "Entendo totalmente as razões para essa política. É importante que você a defenda. Mesmo assim, este projeto é essencial para o futuro da empresa. O que você sugere que eu faça para que o projeto seja realizado?". Se o sr. Talbot disser que *ele* não pode fazer nada a respeito, diga: "Entendi... Nesse caso, haveria alguma outra pessoa na empresa que poderia me conceder uma exceção?".

Pedir conselhos é uma das maneiras mais eficientes de mudar o jogo.

Pergunte "por que isso é justo?"

A posição do outro lado pode lhe parecer insensata ou até absurda. Mas, em vez de rejeitá-la, você pode usá-la como um trampolim para falar sobre os padrões de justiça. Aja como se o outro lado acreditasse que a posição que ele está defendendo é justa (o que geralmente é o caso). Diga:

"Você deve ter boas razões para pensar que sua proposta é uma solução justa. Você poderia me explicar quais são essas razões?".

Vamos imaginar, por exemplo, que um cliente importante esteja na expectativa de que você lhe dê assistência gratuita para o produto que ele está comprando. Você pode achar que não pode negar o pedido sem ofendê-lo. Mas, se disser sim, a decisão custará caro para a empresa. Então você pergunta: "O que o leva a pensar que essa proposta é justa? Algum concorrente nosso lhe ofereceu assistência técnica de graça?". Com isso, você está usando um padrão de justiça (no caso, a prática do mercado) para ajudar seu cliente a ver que a exigência é injusta. Como o filósofo francês Blaise Pascal escreveu mais de três séculos atrás: "As pessoas geralmente são mais convencidas pelas razões que elas descobrem por conta própria do que pelas razões encontradas pelos outros".

Em uma negociação de aquisição, o vendedor pediu o que parecia um preço excessivo pela empresa. Em vez de rejeitar o preço, o comprador pôs-se a instruir o outro lado. Ele começou perguntando quais eram os lucros esperados no primeiro ano. O vendedor respondeu: "Vamos faturar 4 milhões de dólares neste ano, o que equivale a um lucro de 400 mil dólares". Agora, sabendo que o vendedor está partindo de uma projeção otimista, o comprador pode dizer: "Tenho certeza de que sua empresa tem condições de atingir essa meta, se você está dizendo que consegue. Afinal, sua empresa é espetacular, e é por isso que temos interesse em comprá-la. Mas o preço da empresa se baseia na sua estimativa. E você sabe bem melhor do que eu que muitos fatores podem afetar esse resultado. Se vocês não concretizarem essa projeção, você me garante uma redução no preço?". Ao investigar as razões do preço exigido pelo vendedor, o comprador conseguiu um bom desconto sem precisar rejeitar o preço.

Às vezes, para começar a falar sobre um resultado justo, você pode precisar propor um padrão. Na negociação de aquisição da empresa, o comprador sugeriu usar uma prática contábil padrão para determinar um preço justo.[2] Ele disse ao vendedor: "Meu contador levantou uma questão, mas estou certo de que você já levou isso em consideração. Nós provavelmente teremos de criar uma reserva de contas a receber de cerca de meio milhão de dólares... Essa prática contábil faz muito sentido, considerando a situação de sua empresa hoje. Isso poderia reduzir o patrimônio líquido da sua empresa, e vamos ter de repensar o preço que você está pedindo". Também nesse caso, o vendedor reduziu o preço substancialmente.

Se o outro lado rejeitar o padrão proposto, incentive-o a pensar em um padrão melhor. Até mesmo um diálogo sobre padrões diferentes o ajudará a atingir seu objetivo de afastar o foco das posições e direcionar a negociação para resultados justos.

Faça perguntas abertas

É importante saber formular perguntas do jeito certo. Uma pergunta focada na resolução de problemas precisa ser aberta e esclarecedora.

A resposta depende da maneira como você formula a pergunta. Quando o representante de uma empresa diz: "Você não pode fazer isso. É contra a nossa política", você pode ter o impulso de perguntar: "Quer dizer que a política não tem como ser mudada?". E a resposta, sem dúvida, será um retumbante não. Se você tivesse pensado na pergunta com antecedência, poderia ter imaginado que essa seria a resposta. Na verdade, sua pergunta induziu o não.

É fácil para o oponente dizer não a perguntas fechadas como essa, que levam a respostas do tipo sim ou não. Por isso, faça uma pergunta que não pode ser respondida com um simples não. Em outras palavras, faça uma pergunta aberta. Comece sua pergunta com "como", "por que", "por que não", "o que" ou "quem". Será mais difícil para seu oponente responder não a perguntas como "Qual é o objetivo dessa política?", "Quem tem autoridade para me conceder uma exceção?" e "Como você me aconselharia a proceder?".

Acontece muito de as pessoas fazerem perguntas para as quais o outro lado já tem uma resposta pronta. Vejamos o exemplo de um negociador britânico de controle de armas que, para todas as propostas que fazia ao negociador soviético, sempre recebia a mesma resposta monossilábica: "*Nyet*". Depois de um ano de negociações frustradas, o britânico puxou o soviético de lado e expressou sua exasperação. O negociador soviético respondeu: "Para mim também é muito frustrante ter de negociar seguindo instruções tão inflexíveis do meu governo. O problema é que você só me faz perguntas para as quais eu já recebi instruções. Por que você não

me faz perguntas para as quais eu *não* tenho instruções?".
Intrigado, na sessão seguinte de negociação, o diplomata britânico seguiu o conselho do soviético e fez uma pergunta aberta, pedindo esclarecimentos. O negociador soviético agradeceu polidamente e disse que, como não tinha instruções sobre como responder, teria de voltar a Moscou. Lá, ele conseguiu convencer seus superiores do Kremlin a lhe dar a flexibilidade necessária para chegar a um acordo.

É muito mais eficaz fazer perguntas para as quais o outro lado não tem "instruções", ou seja, nenhuma resposta pronta. Suas perguntas devem levar o oponente a pensar, do mesmo modo que as perguntas de Biden obrigaram Gromyko a refletir sobre as objeções dos senadores americanos. Ao ponderar sobre suas perguntas, o outro lado pode mudar o modo de pensar e abrir-se a um acordo.

Use o poder do silêncio

A eficácia de uma pergunta focada na resolução de problemas não depende apenas da pergunta em si. Outro fator importantíssimo é o silêncio que se segue enquanto o oponente processa a pergunta e pensa no que vai responder. Um erro comum é privar o outro lado desse tempo criativo. Se ele não responder, você pode ficar cada vez mais incomodado com o silêncio. Em uma conversa qualquer, quando vê que sua pergunta deixou o outro incomodado, seu primeiro impulso é romper o silêncio para tirá-lo dessa situação.

Em uma negociação, é importante resistir a essa tentação e esperar a resposta do outro lado. Afinal, você fez uma pergunta perfeitamente válida. Deixe que o silêncio e o incômodo surtam seu efeito. O outro lado pode acabar revelando informações sobre os próprios interesses, lançando uma possível opção ou levantando um padrão relevante. Assim que isso acontecer, ele terá entrado no jogo da negociação para resolver problemas.

Lembre-se: basta uma resposta para que você consiga avançar nas negociações. Então, seja persistente. Se uma pergunta não levar aos resultados que você deseja, tente por um ângulo diferente, como um bom entrevistador faria. Se você observar bons negociadores, verá que eles fazem muitas perguntas.

Reformule as táticas

As perguntas focadas na resolução de problemas permitem mudar a perspectiva da *posição* do outro lado em termos de interesses, opções e padrões. Mas você também precisa lidar com as *táticas* do oponente, ou seja, lidar com as "muralhas" (ou inflexibilidade), os ataques e os truques que ele usa para levá-lo a ceder. Como você pode reformular as táticas do oponente para direcionar a atenção dele ao problema?

Contorne as muralhas

E se o oponente assumir uma posição insensata, declarar "É pegar ou largar" ou definir um prazo impossível? Para contornar uma muralha, você pode ignorá-la, reinterpretá-la ou testá-la.

Ignore a muralha. Se o outro lado declarar "É pegar ou largar!" ou "Se não responder até as 5 da tarde, o acordo está cancelado!", você não tem como saber se ele está falando sério ou se é só um blefe. Então, a fim de verificar até que ponto a ameaça é real, você pode simplesmente ignorar a tática. Continue falando sobre o problema como se não tivesse ouvido o que ele disse ou mude completamente de assunto. Se ele estiver falando sério, vai repetir a mensagem.

Reinterprete a muralha como uma meta. Suponha que um líder sindical anuncie: "Eu disse ao meu pessoal que, se eu não voltar com um aumento de 15%, eles podem me demitir". Ele se fechou em sua posição. Se você contestar a posição dele, só vai dificultar a possibilidade de que ele mude de ideia. Em vez disso, reinterprete a afirmação como uma meta e redirecione a atenção para o problema: "Acho que todos nós temos as nossas metas. A empresa está sob uma enorme pressão com a retração da economia, e a administração preferiria reduzir os salários. Mas acho que seria melhor sermos realistas e analisarmos os méritos da questão salarial. Quanto as outras empresas estão pagando pelo mesmo trabalho?". A reinterpretação facilita para o outro lado recuar sem ser humilhado.

Ou imagine que você tenha de lidar com um prazo inflexível estabelecido por seu oponente. Em vez de rejeitar o prazo, você pode amenizar a situação reinterpretando-o como uma meta: "Eu também gostaria de concluir a negociação até essa data. Isso seria o ideal. É melhor começarmos a trabalhar imediatamente". Dito isso, volte-se ao problema com entusiasmo para demonstrar suas boas intenções.

Leve a muralha a sério, mas não deixe de testá-la. Uma terceira abordagem é testar a muralha para ver se ela é real. Por exemplo, trate com seriedade o prazo estabelecido pelo oponente, mas, à medida que o prazo se aproximar, providencie para ser chamado para um telefonema ou uma reunião urgente. Os negociadores de reféns, por exemplo, pensam em algum evento verossímil, porém "incontrolável" (como dizer que os bancos estão fechados), que lhes impossibilite juntar o dinheiro do resgate a tempo de cumprir o prazo dos terroristas. Um importante negociador explica: "Nós gostamos de prazos. Quanto mais apertados eles forem, melhor. Porque, uma vez que você estoura o prazo, os sequestradores perdem o chão".[3]

Outra maneira de testar uma muralha sem contestá-la diretamente é fazer perguntas. Se um vendedor de carros declara que o preço é final, você pode perguntar se é viável fazer um financiamento ou conseguir um bom preço pelo seu carro usado. Se o vendedor começar se mostrar mais flexível, você saberá que aquele preço na verdade talvez não seja definitivo.

Não esqueça que às vezes você pode se beneficiar da muralha do oponente. Por exemplo, se ele impuser um prazo inflexível, você pode dizer: "Eu gostaria de ter tempo de reunir a diretoria para conseguir uma oferta mais generosa para vocês, mas, *tendo em vista a urgência da decisão*, isto é o melhor que posso fazer no momento", ou "Para cumprir *seu* prazo, vamos precisar da ajuda de vocês. Vocês podem se encarregar da coleta e da entrega?".

Neutralize os ataques

E se o oponente o ameaçar, insultar ou culpar por algo que deu errado? Como você pode redirecionar um ataque, retirando o foco de você e direcionando-o ao problema?

Ignore o ataque. Uma abordagem é fingir que não ouviu o ataque e continuar falando sobre o problema. Suponha que você seja um líder sindical lidando com um negociador difícil de uma empresa que ameaça demitir metade da força de trabalho se você não ceder à exigência de fazer cortes salariais. Focar a ameaça só dificultaria o recuo por parte de seu oponente. Responder "Não seja ridículo. Você jamais faria isso!" só iria incitá-lo a provar que ele está falando sério. O melhor é ignorar a ameaça e se concentrar na situação financeira da empresa: "Sei que você está sendo pressionado para atingir as metas financeiras da empresa. Me fale um pouco mais sobre sua siuação".

Se o outro lado perceber que as próprias táticas abusivas não estão funcionando, ele tenderá a parar. Vejamos o exemplo de um comprador que gostava de dar um chá de cadeira em seus fornecedores na sala de espera para desestabilizá-los e torná-los mais flexíveis aos termos de um acordo. Um fornecedor decidiu ignorar a tática e levou um livro para ler. Quando o comprador finalmente o recebeu, o fornecedor fez questão de mostrar que estava entretido com o livro, como se não tivesse se incomodado com a espera. Quando o comprador recebeu um longo telefonema no meio da reunião, o fornecedor voltou a ler seu livro. Depois de duas ou três reuniões como essa, o comprador percebeu que a tática não estava funcionando e parou de usá-la.

Reinterprete um ataque pessoal como um ataque ao problema. Uma segunda abordagem é reinterpretar o ataque. Suponha que você esteja tentando obter a aprovação para desenvolver um novo produto e é provocado por um colega: "Você ainda não aprendeu que é besteira fazer uma proposta que não vai dar em nada?". Você pode ficar na defensiva e hostil. *Ou* pode ignorar a crítica pessoal, reconhecer o argumento e reinterpretá-lo como um ataque ao problema: "Talvez você tenha razão. Como você melhoraria a proposta para que ela seja aprovada?".

O oponente está fazendo duas alegações: primeiro, que sua proposta não é boa; segundo, que *você* não é bom. Cabe a você decidir em qual alegação se concentrar. Ao escolher a alegação mais válida, sobre a proposta, você pode contornar o ataque pessoal e direcionar a atenção do seu oponente para o problema.

Reinterprete um ataque pessoal como um gesto amigável. Outra maneira de contornar um ataque pessoal é fingir que o entendeu mal e interpretá-lo como um gesto amigável. Vejamos o exemplo do general do século 18 que havia perdido o apoio do grande rei e guerreiro prussiano Frederico, o Grande.[4] Quando, posteriormente, o general se viu diante do rei, saudou-o com o maior respeito, mas Frederico lhe virou as costas. "É uma enorme satisfação ver que Vossa Majestade não está mais irritado comigo", murmurou o general. "Como assim?", Frederico vociferou. "Porque nunca em vossa vida Vossa Majestade deu as costas a um inimigo", o general justificou. Com isso, o general voltou a cair nas boas graças do rei.

Na vida cotidiana, você pode reinterpretar um ataque pessoal como uma demonstração de preocupação e redirecionar o foco para o problema. Por exemplo, se, em uma negociação, seu oponente tentar desestabilizá-lo dizendo: "Você está com uma cara péssima. Tudo bem com você?", você pode responder: "Obrigado por se preocupar. Estou melhor agora que estamos nos aproximando de um acordo".

Redirecione os erros do passado para futuras soluções. Às vezes o oponente pode atacar tentando culpá-lo por algum incidente ocorrido no passado. Em uma discussão sobre o orçamento familiar, o marido acusa a esposa: "Você vive jogando dinheiro fora com bugigangas inúteis! E aquele gato de cerâmica de 75 dólares que você comprou?". A esposa retruca: "Bem, e você, Senhor Exibido, que levou todos os seus amigos para beber na semana passada? Quanto custou aquela farra?". E passam horas e horas remoendo o passado. O orçamento é esquecido.

Sempre é possível redirecionar uma questão do passado e pensar no futuro, ou deixar de se concentrar em quem cometeu um erro e voltar-se para o que pode ser feito sobre o problema. A esposa pode dizer ao marido: "Tudo bem, nós dois concordamos que aquele gato de cerâmica foi demais. Não vou cometer o mesmo erro de novo. E agora, como podemos economizar no próximo mês? O que podemos fazer para não nos desviar do plano?". Se o oponente criticá-lo por um incidente do passado, não perca a oportunidade de perguntar "Como podemos garantir que isso nunca mais aconteça?". Transforme a culpa em uma responsabilidade compartilhada para resolver o problema.

Transforme o "você" e o "eu" em "nós". Quando o marido e a esposa brigam sobre o orçamento familiar, tudo o que eles ouvem é "*Você* fez isso!" e "*Eu* não fiz!". É sempre uma boa ideia deixar de falar em termos de "você" e "eu" e começar a falar em termos de "nós". A esposa pergunta: "O que *nós* podemos fazer para não estourar o orçamento?". Falar em termos de "nós" coloca você ao lado do oponente, chamando atenção para os interesses em comum e os objetivos compartilhados.

Uma maneira simples e eficaz de direcionar a situação de "você" ou "eu" para "nós" é usar a linguagem corporal. Quando as pessoas discutem, elas geralmente ficam uma de frente para a outra, expressando fisicamente o confronto. Encontre uma desculpa natural para se sentar ao lado do oponente. Pegue um documento ou contrato e sente-se ao lado dele para repassarem juntos os termos do acordo. Ou sente-se ao lado de sua esposa no sofá em vez de esbravejar do outro lado da mesa. Conversar lado a lado não vai mudar a situação num passe de mágica, mas reforçará a ideia de que vocês são parceiros enfrentando um problema juntos.

Exponha os truques

Os truques são a tática mais difícil de neutralizar. Eles se aproveitam da suposição de que o oponente tem boas intenções na negociação – que está dizendo a verdade, que cumprirá suas promessas, que tem a autoridade que diz ter e que, uma vez que vocês cheguem a um acordo, ele não será renegociado. É difícil neutralizar os truques porque eles são envoltos pela linguagem da cooperação e da boa--fé com o objetivo de enganá-lo.

Nada o impede de expor diretamente um truque, mas os riscos são altos. Para começar, você pode estar errado. E, mesmo que esteja certo, seu oponente provavelmente se ofenderá com a sua insinuação de que ele é um trapaceiro ou um mentiroso, e o relacionamento sairá prejudicado.

A alternativa para rejeitar o truque é deixar rolar. Responda como se o outro lado estivesse negociando com boas intenções, mas vá devagar e faça perguntas para testar a sinceridade dele. Em outras palavras, faça-se de desentendido. Se o outro lado estiver agindo de boa-fé, ele não se ofenderá com suas perguntas. Se estiver tentando enganá--lo, você vai expor o truque. Como você não o confrontou diretamente, ele pode manter as aparências dizendo que tudo não passou de um equívoco ou de um mal-entendido.

Faça perguntas de esclarecimento. Faça perguntas para verificar e esclarecer o que o outro lado diz. Se você está adquirindo uma empresa e o vendedor incluiu contas a receber pendentes no patrimônio líquido da empresa, diga em tom imparcial: "Você deve ter boas razões para acreditar que essas contas a receber de fato serão pagas. Gostaria de saber por que você pensa isso". Verifique os argumentos quando eles citarem autoridades ou metodologias "infalíveis", como programas de computador e planilhas.

Não hesite em pressionar um pouco. E fique de olho em afirmações conflitantes e tentativas de mudar o assunto. Se você identificar uma contradição, não a questione diretamente. Finja que ficou confuso: "Desculpe, acho que não entendi bem... Você poderia explicar como isso se relaciona com o que você disse antes?".

Uma maneira de testar suas suspeitas é fazer ao outro lado perguntas para as quais você já sabe as respostas. Você pode aprender muito observando as nuances das respostas.

Um truque comum é induzi-lo a acreditar que o outro lado tem a autoridade para tomar decisões quando não é o caso. Você pode fazer todas as concessões possíveis e acabar descobrindo que a pessoa precisa obter a aprovação do chefe ou do conselho de administração, o que pode exigir concessões adicionais. Para se proteger, faça perguntas no início do processo a fim de descobrir até que ponto o outro lado está autorizado a tomar decisões: "Estou correto em presumir que você tem a autoridade necessária para resolver este assunto?". Não deixe de obter uma resposta específica. Se ele não tiver autoridade, descubra quem mais precisa concordar com os termos e quanto tempo levará para obter a resposta.

Outro truque comum é o outro lado fazer uma exigência de última hora *depois* que vocês chegaram a um acordo. Em vez de contestar a exigência, você pode perguntar: "Você está sugerindo reabrirmos a negociação?". Se seu oponente disser que não, você pode dizer: "Bem, então, acho que devemos ficar com o acordo que já fechamos".

Mas, se a resposta for sim, você pode dizer: "Tudo bem. Vamos tratar este contrato como um rascunho provisório. Você fala com seu chefe, eu falo com o meu e voltamos a nos reunir amanhã para discutir possíveis alterações". Se a pessoa quer uma concessão adicional, você pode solicitar uma também.

Faça um pedido razoável. Uma vantagem de negociar com um oponente que usa de trapaça – vantagem essa que você não teria se estivesse lidando com um oponente abertamente não cooperativo – é que ele tem interesse em parecer sensato. Portanto, aja como se ele estivesse dizendo a verdade e teste a veracidade das afirmações dele, colocando-o em um dilema. Ou ele continua fingindo que quer cooperar ou abandona completamente a farsa. Em outras palavras, você pode fazer o "teste do pedido razoável".

Pense em um pedido razoável com o qual o outro lado concordaria se realmente estivesse cooperando na negociação. Se, por exemplo, você suspeita que ele pode estar ocultando contas em aberto que seriam difíceis de receber, diga: "Se você não se importar, gostaria que meu contador desse uma olhada nos seus livros contábeis e verificasse as contas a receber. Afinal, esse é um procedimento-padrão". Se o vendedor se recusar a entregar os livros contábeis, ele vai parecer não cooperativo, e você pode concluir que é melhor não confiar no que ele diz.

Se seu oponente mencionar um "sócio implacável" para justificar uma exigência adicional, você pode fazer o seguinte pedido: "Me desculpe, Jerry. Não sei se estou entendendo direito. Será que a gente não deveria ter incluído seu sócio nas nossas discussões até agora? Detesto pensar que estou colocando você em uma saia justa. Talvez seja melhor eu me encontrar com ele para repassar os termos que discutimos até agora. Você pode marcar uma reunião minha com ele?".

Agora Jerry precisa escolher. Ele pode deixar você se reunir com o sócio – o que lhe dará uma ideia melhor das objeções do outro lado e mostrará se aquilo foi ou não um truque – ou pode se recusar a marcar a reunião, e nesse caso você deve ficar alerta. Ele também pode abandonar a tática e manter o acordo original. Qualquer que seja o resultado, você pode continuar fazendo pedidos razoáveis e esclarecendo as questões.

Transforme o truque em uma vantagem. Se você perceber o truque do seu oponente, pode transformá-lo em uma vantagem. Suponha que você seja um advogado representando a esposa em um processo de divórcio. O marido promete pagar pensão alimentícia para os filhos, mas você tem razões para acreditar que ele não o fará. Quando você levanta a questão, o advogado do outro lado protesta, dizendo que o marido certamente pagará.

"Você tem certeza?", você pergunta.

"Sem dúvida, meu cliente é um homem honrado", responde o advogado.

"Neste caso, ele certamente não se oporá a incluir uma cláusula afirmando que, no caso de três meses de inadimplência, minha cliente ficará com a casa a título de indenização."

Quanto mais avidamente o advogado tiver defendido a honra do marido, mais difícil será para ele objetar a essa demanda.

Negocie as regras do jogo

Se, apesar de todos os seus esforços, seu oponente continuar a recorrer a muralhas, ataques e truques, você precisará mudar a perspectiva da conversa de outra maneira. Reformule-a como uma negociação *sobre* a negociação.

Na verdade, qualquer negociação envolve duas negociações. Uma é a negociação sobre o *conteúdo*: os termos, as condições, os montantes, os prazos. A outra é a negociação sobre as *regras do jogo*: como a negociação será conduzida? Por exemplo, se você observar pais e filhos negociando questões do dia a dia, como a hora de dormir, verá que eles estão renegociando constantemente até que ponto birras, ameaças e subornos são táticas aceitáveis.

Em geral, essa segunda negociação permanece tácita. Mas, se você não consegue mudar o jogo, precisa explicitar essa negociação. Você deve falar sobre o comportamento do seu oponente. Normalmente, basta mencionar essa conduta.

Mencione o comportamento

As pessoas que usam táticas muitas vezes estão testando para ver o que conseguem com elas. Para impedir que façam isso, talvez você tenha que *fazer com que o outro lado saiba que você sabe o que ele está fazendo*. Expor a tática que o outro lado está usando envia esta mensagem: "Eu não nasci ontem. Conheço seu jogo. Sua tática não vai funcionar comigo". Se ele quiser chegar a um acordo, vai desistir da tática, porque insistir em usá-la só dificultará o acordo.

O problema é que o outro lado pode confundir sua menção à tática dele com um ataque. O segredo é reinterpretar a tática como uma contribuição interessante, e não como um truque dissimulado.

Vejamos um exemplo. Liz e Pam são duas jovens advogadas que estão tentando comprar uma coleção de livros usados de Direito Trabalhista de dois advogados experientes, Bob e Charlie. No início da conversa, Bob anuncia em tom firme: "O mínimo que aceitaremos por esses livros é 13 mil dólares. É pegar ou largar". Charlie, porém, discorda de Bob: "O que é isso, Bob... Essas duas só estão começando. Podemos dar um desconto a elas. Que tal aceitarmos 11 mil?". O preço de mercado justo para os livros seria em torno de 7 mil dólares, mas Bob e Charlie orquestraram esse teatrinho em que Bob interpreta o vilão que estabelece uma exigência absurda e Charlie interpreta o bonzinho, aparentemente sensato. Em geral, a exigência absurda teria o efeito desejado de pressionar as duas jovens a aceitar a oferta de Charlie por medo de Bob convencer Charlie a mudar de ideia.

No entanto, Liz responde: "Interessante...". Ela faz uma pausa para pensar e de repente cai na gargalhada, exclamando, admirada: "Vocês dois são demais! Um fazendo o papel do vilão e o outro fazendo o papel do bonzinho, querendo nos proteger do vilão! Vocês planejaram isso ou foi só uma coincidência? Agora, vamos falar sério e ver se podemos chegar a um preço *justo* pelos livros".

Bob e Charlie ficam sem saber o que dizer. Eles não podem ficar ofendidos, já que Liz os elogiou, e eles não têm como saber se está falando sério. De qualquer maneira, não insistir na tática não faz mais sentido. Afinal, uma tática só funciona quando passa despercebida pelo outro lado. Tendo neutralizado a tática sem se indispor com seus oponentes, Liz e Pam agora podem negociar a compra por seus próprios méritos.

É importante que você mencione a tática sem parecer atacar pessoalmente o outro lado. Chamá-lo de mentiroso ou trapaceiro não o tornará mais receptivo à negociação para uma resolução conjunta do problema. Ao expressar sua admiração pela habilidade de Charlie e Bob e ao fazer pouco caso da tática, Liz os ajudou a manter as aparências. O interesse dela não está em ganhar pontos, mas em comprar a coleção de livros por um preço justo e reforçar o relacionamento com dois advogados de um renomado escritório.

A ideia é facilitar para o outro lado abandonar as táticas. Se ele estiver sendo grosseiro, por exemplo, aponte o comportamento dando uma explicação ou uma desculpa: "Parece que você está tendo um dia difícil". Se ele o ameaçar, responda como uma executiva fez. Em vez de contestar o oponente dizendo: "Não me ameace", ela perguntou em tom calmo e um pouco surpreso: "Você não está tentando me ameaçar, não é mesmo?". Essa pergunta de esclarecimento deu ao oponente uma maneira de sair da situação evitando o confronto. Ele aceitou a deixa, dizendo: "Quem, eu? De jeito nenhum! Isso não foi uma ameaça". No caso de você ter entendido mal o comportamento do outro lado, essa abordagem reduz ou elimina os danos resultantes.

Não acuse o outro lado. Só observe o que ele faz. Se ele o interrompe constantemente, olhe-o nos olhos, use o nome dele e diga: "Mike, você me interrompeu...". Ou pergunte: "Posso terminar o que estou dizendo?". Use um tom objetivo, evitando o confronto. Se Mike repetir o comportamento, lembre-o pacientemente, talvez com um leve empurrãozinho: "Ei, você me interrompeu de novo". Imagine que você seja um amigo lhe dando um conselho. Aponte o comportamento dele, mas de maneira delicada.

Negocie a negociação

Se apenas apontar o comportamento do oponente não for suficiente, talvez você tenha de negociar abertamente as regras do jogo. Puxe-o de canto e diga: "Parece que o jeito como estamos negociando não vai nos levar ao resultado que nós dois queremos. Precisamos parar de discutir sobre as questões e conversar sobre as regras do jogo". Ou, se preferir um tom mais informal, você pode dizer: "Tem uma coisa me incomodando e eu gostaria de conversar com você a respeito".

Negocie sobre o processo do mesmo modo como negociaria sobre o conteúdo. Identifique *interesses*, pense em *opções* para negociar melhor e discuta *padrões* de comportamento justo. Se, por exemplo, o oponente se recusar a falar sobre qualquer outra coisa além de posições, você pode explicar: "Meu interesse é chegar a um acordo para nós dois sairmos ganhando. E eu gostaria de fazer isso de um jeito mais eficiente e amigável. Do meu ponto de vista, para conseguirmos isso, precisamos nos dispor a ouvir o que o outro tem a dizer, compartilhar informações sobre nossos interesses e fazer um brainstorming juntos. Precisamos aumentar o tamanho da torta, não só dividi-la. Se eu souber quais são seus interesses, posso ajudá-lo a satisfazê-los, e você pode fazer o mesmo por mim. Vamos tentar?".

Sem questionar a honestidade do oponente, fale sobre a justiça de algumas táticas que ele está usando: "O que você diria se *eu* pedisse concessões extras *depois* de termos chegado a um acordo? Você acha que essa seria uma tática válida?".

Diga especificamente o que você gostaria que o outro lado mudasse no comportamento dele. Se ele continuar fazendo ataques pessoais, você pode dizer com calma: "Estou disposto a falar sobre isso quando você parar de me atacar". Se você é o presidente de uma empresa e é abordado por um predador corporativo em busca de informações para a aquisição de sua empresa, pode dizer: "Bem, se você estiver disposto a descartar uma aquisição hostil, ficarei satisfeito em conversar abertamente sobre isso. Caso contrário, vou ter de presumir que você vai usar as informações contra mim".

Depois de concordar com as regras, vocês podem voltar a negociar o conteúdo de maneira mais construtiva e produtiva.

O momento decisivo

O momento decisivo da negociação para superar barreiras é quando você muda o jogo da negociação com base em posições e o transforma em uma negociação para a resolução conjunta de problemas. A melhor maneira de mudar o jogo é mudar a perspectiva. Mudar a perspectiva significa pegar o que o oponente diz e usar isso para lidar com o problema.

Vejamos, no exemplo do início deste capítulo, como o diretor de marketing poderia ter usado essa abordagem para levar o diretor de orçamento a um novo jogo:

> DIRETOR DE ORÇAMENTO (*atendo-se à sua posição*): Não vou aceitar nada menos do que um corte de 10% no seu orçamento. Conto com você, ok?

> DIRETOR DE MARKETING (*fazendo uma pergunta focada na resolução de problemas*): Entendo a necessidade de reduzir os gastos da empresa, e meu departamento está preparado para contribuir. Só me ajude a entender por que você precisa de um corte tão grande.

> DIRETOR DE ORÇAMENTO (*apresentando sua posição como se fosse um fato consumado e ameaçando*): O único jeito de conseguir a economia necessária é se cada departamento fizer um corte de 10%. Já avisei aos outros chefes de departamento que você vai aceitar o corte. Caso contrário, o trabalho de todos os outros núcleos ficará comprometido, e você pode ter certeza de que o presidente vai ficar sabendo.

DIRETOR DE MARKETING (*ignorando a ameaça e reinterpretando o fato consumado como um problema a ser resolvido*): Acho que entendi o que você está dizendo. Se eu não aceitar esse corte, você ficará com um abacaxi e tanto nas mãos para explicar para os outros departamentos, certo?

DIRETOR DE ORÇAMENTO (*pressionando*): É isso mesmo. Vou dizer, então, que você aceitou o corte. Combinado?

DIRETOR DE MARKETING (*ignorando a pressão e mudando a perspectiva para transformar a pressão em uma oportunidade de resolverem o problema juntos*): Puxa, acho que temos uma oportunidade concreta de poupar mais do que os 10%. A empresa sairia beneficiada, e nós dois ficaríamos muito bem aos olhos do presidente.

DIRETOR DE ORÇAMENTO: É mesmo? Como assim?

DIRETOR DE MARKETING (*pedindo um conselho*): Como você sabe, meu departamento acaba de desenvolver um novo plano que vai aumentar a produtividade e reduzir muito os custos. Mas calculamos que os custos iniciais tomarão 5% do nosso orçamento. Você tem mais experiência nisso do que qualquer outra pessoa na empresa. Como poderíamos encontrar a verba para implantar o plano sem prejudicar o trabalho dos outros departamentos?

DIRETOR DE ORÇAMENTO: Não sei...

DIRETOR DE MARKETING (*fazendo uma pergunta focada na resolução de problemas*): E se nós explicássemos aos outros departamentos que meu departamento fará um corte de 5% este ano para obter uma economia ainda maior no ano que vem?

DIRETOR DE ORÇAMENTO: Não acho que vai colar.

DIRETOR DE MARKETING (*fazendo uma pergunta do tipo "e se"*): E se eu me comprometesse com um valor específico de quanto economizaríamos no ano que vem?

DIRETOR DE ORÇAMENTO: Isso pode ajudar... Mas ainda não resolve o problema deste ano. Se você não concordar com os 10%, de onde eu vou tirar os 5% que faltam? Estou vendo aonde você está tentando chegar, mas o que vou dizer ao presidente? Ele não vai aceitar.

DIRETOR DE MARKETING (*fazendo outra pergunta do tipo "e se"*): E se eu falasse com o presidente e o convencesse da ideia?

DIRETOR DE ORÇAMENTO: Boa sorte com isso!

DIRETOR DE MARKETING: Eu sei. Pode não ser fácil. Mas posso contar com seu apoio?

DIRETOR DE ORÇAMENTO: Deixe-me dar outra olhada no seu plano. Quero ver se suas projeções fazem sentido.

DIRETOR DE MARKETING: Eu envio para você em no máximo uma hora. Obrigado por me dar essa chance.

O diretor de marketing não obteve de imediato o acordo desejado, mas venceu a negociação sobre as regras do jogo. Ao mudar a perspectiva, ele transformou um confronto baseado em posições em uma negociação para resolução de problemas. Agora, ele e o diretor de orçamento estão a caminho de negociar um acordo mutuamente satisfatório.

4

NÃO FORCE: CONSTRUA UMA PONTE DOURADA

"Construa uma ponte dourada para seu oponente poder recuar."
— Sun Tzu

Agora que você refreou com sucesso suas reações, neutralizou as emoções do outro lado e mudou a perspectiva dele, está pronto para chegar a um acordo. Mesmo assim, o oponente pode não concordar. Você pode se ver diante da barreira da insatisfação dele. Ele pode se perguntar: "O que eu ganho com isso?". As coisas ainda podem dar errado, como é comum acontecer.

Um exemplo clássico foi o fracasso do que poderia ter sido a maior fusão do mundo no setor de comunicações.[1] Toda história tem dois lados, e aqui trarei o relato de Al Neuharth de como ele, em suas próprias palavras, "pisou feio na bola". Em 1985, a CBS lutava contra uma proposta de aquisição hostil, engendrada pelo magnata Ted Turner. Neuharth, presidente da Gannett, já estava de olho na CBS há um bom tempo e tinha cultivado uma relação cordial com o presidente daquela empresa, Tom Wyman. Neuharth marcou uma reunião com Wyman para falar sobre a possibilidade de uma fusão entre as duas empresas, o que permitiria à CBS resistir à aquisição de Turner.

Depois de várias reuniões, os dois chegaram a um acordo sobre a maioria das questões. Eles decidiram que Neuharth, por ser mais velho e mais experiente, assumiria como presidente do Conselho e CEO da nova empresa, enquanto Wyman assumiria como presidente e diretor de operações. Neuharth mostrou a Wyman um esboço do comunicado que fariam à imprensa, no qual Neuharth propunha que a nova empresa se chamasse Universal Media.

Em seguida, executivos das duas empresas começaram a trabalhar nos detalhes. Em sua biografia, Neuharth descreve como o acordo degringolou:

> Uma dúzia de financistas, advogados e executivos estava reunida ao redor da grande mesa retangular. Tom e eu estavámos sentados lado a lado. Eu me sentia irritadíssimo porque aquelas pessoas, que já haviam passado quase três dias trabalhando, eram incapazes ou não estavam dispostas a fazer o que Wyman e eu tínhamos combinado [...] Não perdi muito tempo com papo furado e fui direto ao ponto:
>
> "Tom e eu achamos que talvez fosse útil se nós, os CEOs das duas empresas, nos envolvêssemos no processo e explicássemos a vocês como implantar esse acordo. É tudo muito simples [...] Tom e eu já concordamos com a estrutura de gestão da empresa. Teremos sete membros do Conselho escolhidos pela CBS, sete escolhidos pela Gannett e um escolhido pelas duas empresas. Eu serei o

presidente do Conselho e CEO. Tom será o presidente e diretor de operações".

O pessoal da CBS pareceu surpreso e intrigado. Nosso pessoal assentiu e sorriu.

"Vocês não precisam discutir sobre isso, falar sobre isso, nem mesmo pensar sobre isso. Já está tudo resolvido."

Wyman pareceu incomodado e se endireitou na cadeira. "Sim, já está tudo certo", ele disse hesitando um pouco...

Imediatamente percebi que eu havia pisado na bola. Eu tinha sido curto e grosso demais. O pessoal de Wyman ficara sabendo da novidade por mim, não por ele [...] Eu devia ter deixado Wyman explicar os termos. Ele poderia ter amenizado um pouco mais as coisas. Eu tinha satisfeito meu ego à custa do ego dele.

Dois dias depois, Wyman ligou para cancelar o acordo. Ele se opôs a mudar o nome da CBS e ficou furioso quando soube que Neuharth também estava negociando uma fusão com a Time Inc.

Quando Neuharth desligou o telefone, ele se virou para os executivos e disse: "O jogo acabou. Nós perdemos. E ele vai perder também".

Obstáculos ao acordo

Depois de explorar os interesses dos dois lados e as opções de acordo, você pode estar pronto para bater o martelo. Mas, quando você apresenta sua proposta, o outro lado pode empacar. A resistência dele pode assumir várias formas: mostrar-se desinteressado por suas propostas, fazer afirmações vagas, postergar, voltar atrás nos acordos ou simplesmente dizer não. No caso da fusão das duas empresas de comunicação, a resistência da CBS manifestou-se nas negociações lentas entre os dois lados.

É comum atribuirmos a resistência do outro lado à personalidade ou à natureza dele, mas o impasse muitas vezes se fundamenta em boas razões. Vejamos as quatro razões mais comuns:

Não foi ideia dele. O outro lado pode rejeitar sua proposta simplesmente porque "não foi ele que teve a ideia". Neuharth não incluiu Wyman na escolha do novo nome e na apresentação dos termos da fusão aos executivos das duas equipes.

Interesses não atendidos. Você pode estar negligenciando um interesse importante do outro lado. A CBS não gostou da ideia de abrir mão de seu nome.

Medo de ser desacreditado. Ninguém quer perder o prestígio diante da equipe. Neuharth atribuiu o fracasso da fusão entre a CBS e a Gannett em grande parte a ter humilhado Wyman na frente de seus funcionários.

Muita coisa, rápido demais. O outro lado pode resistir pelo fato de a perspectiva do acordo parecer esmagadora. A decisão parece importante demais para ser tomada em tão pouco tempo. Nesse caso, às vezes é mais fácil simplesmente dizer não.

Seu desafio é convencer o outro lado a cruzar o abismo existente entre a posição dele e o acordo que você quer. Esse abismo está repleto de insatisfações, incertezas e temores.

Construa uma ponte dourada

Frustrado com a resistência do outro lado, você pode se sentir tentado a forçar a barra, adulando, insistindo e pressionando. Neuharth decidiu pressionar quando viu que as negociações tinham empacado.

No entanto, a pressão pode acabar dificultando a possibilidade de o outro lado concordar. Aplicar pressão enfatiza o fato de que a proposta é ideia sua, não dele. E não faz nada para atender aos interesses do oponente. Isso dificulta para ele concordar sem parecer que está cedendo à sua pressão. E faz com que a perspectiva do acordo pareça ainda mais esmagadora.

O que acaba acontecendo nesses casos é que o outro lado resiste ainda mais. Na verdade, ele pode até ficar aliviado com sua pressão, porque isso o livra de ter de tomar uma decisão difícil. Ao pressionar, Neuharth acabou aumentando o abismo que Wyman teria de cruzar para chegar a um acordo.

Em vez de empurrar o outro lado na direção de um acordo, você precisa fazer o contrário. Você precisa *atraí-lo* na direção desejada. Seu trabalho é *construir uma ponte dourada* para ajudar o oponente a cruzar o abismo. Você precisa mudar a perspectiva, saindo de um recuo da posição do outro lado para um avanço em direção a uma solução melhor.

Vejamos o exemplo de como, na adolescência, o cineasta Steven Spielberg construiu uma ponte dourada para lidar com um valentão na escola:[2]

> Quando eu tinha uns 13 anos, um garoto agressivo passou um ano inteiro fazendo da minha vida um inferno. Ele me derrubava na grama, segurava minha cabeça no bebedouro, empurrava minha cara na terra e me batia nos jogos de futebol nas aulas de educação física, tanto que muitas vezes eu saía com o nariz sangrando [...] Eu morria de medo dele. Ele era meu maior inimigo [...] Então, pensei que, se não desse para derrotá-lo, talvez fosse melhor tentar convencê-lo a se unir a mim. Tomei coragem e lancei a proposta: "Estou pensando em fazer um filme sobre a guerra contra os nazistas e queria que você interpretasse o herói dessa guerra". No começo, ele riu da minha cara, mas depois aceitou. Ele era um menino grande, de 14 anos, parecido com o John Wayne. Eu o incluí no filme para interpretar o líder do esquadrão, usando capacete, uniforme e uma mochila. Depois daquilo, ele se tornou meu melhor amigo.

O jovem Spielberg descobriu o segredo de construir uma ponte dourada para o oponente. Ele percebeu que aquele garoto violento precisava se sentir importante. Ao lhe oferecer um caminho alternativo para ser reconhecido, Spielberg negociou com sucesso um cessar-fogo e transformou o adversário em um amigo.

Não é fácil construir uma ponte dourada. Em uma negociação difícil, o ideal é incluir um mediador para ajudar a resolver as diferenças entre vocês, mas essa medida pode não ser apropriada nem viável. Assim, na ausência de um terceiro indivíduo imparcial, você precisa *mediar seu próprio acordo*.

Em vez de começar de onde você está, que seria nosso primeiro impulso, você precisa *começar de onde seu oponente está*, a fim de orientá-lo em direção a um eventual acordo. Vi uma excelente descrição desse processo em um romance francês. No livro, um diplomata experiente explica: "Eu me volto para a outra pessoa. Procuro entender a situação dela; me adapto ao destino dela e, vivendo na pele da outra pessoa, passo a vivenciar seus sucessos e seus infortúnios. Desse ponto em diante, não me preocupo muito em impor meu ponto de vista e passo a convencê-la a adotar o que considero melhor para ela, o que sempre é compatível com meus próprios interesses".[3]

Construir uma ponte dourada significa facilitar para o outro lado superar os quatro obstáculos mais comuns ao acordo. Significa envolvê-lo ativamente no processo de pensar em uma solução de forma que ela seja uma ideia de vocês dois, não só sua. Significa satisfazer os interesses do outro lado. Significa ajudá-lo a manter as aparências e facilitar ao máximo o processo da negociação.

Envolva o outro lado

Um dos erros de negociação mais comuns é anunciar que *você* encontrou a solução para o problema. Quando planejadores urbanos da prefeitura anunciam seu plano de criar um novo local de descarte de resíduos sem envolver os moradores do bairro vizinho, esses cidadãos imediatamente se organizam para combater o projeto. Quando a administração de uma empresa anuncia um plano de trabalho otimizado sem consultar os funcionários, eles passam secretamente a sabotar o plano. Quando o secretário do Tesouro e o chefe de gabinete do presidente se fecham em uma sala de reunião com seis líderes do Congresso e saem com um plano de cortes orçamentários, os membros do Congresso que não foram envolvidos denunciam o acordo e o rejeitam na votação. Da mesma forma, o outro lado de uma negociação com você também tenderá a rejeitar sua proposta se não for envolvido em sua elaboração.

A negociação não é um mero exercício técnico de resolução de problemas, mas um processo político no qual os dois lados devem participar para delinear um acordo *juntos*. O processo é tão importante quanto o produto. Você pode se frustrar com a delonga das negociações, mas não esqueça que a negociação é um ritual – e um ritual participativo. A perspectiva das pessoas muda quando elas são envolvidas no processo. E elas podem fazer concessões que de outra forma não fariam. Podem não se incomodar tanto com ideias que antes rejeitariam. Ao incluir as próprias ideias na proposta, elas não se sentem excluídas.

Peça sugestões e baseie-se no que ouviu

A grande tentação nas negociações é limitar-se a *informar*. Informar ao outro lado como resolver o problema. Informar como ele vai se beneficiar da sua solução.

Neuharth lidou com a delicada questão do novo nome da empresa simplesmente informando a Wyman, em um esboço do comunicado à imprensa, que a nova empresa se chamaria Universal Media. Não surpreende que a ideia não tenha "colado".

Em uma negociação, você deve perguntar mais e informar menos. A maneira mais simples de envolver o outro lado é pedir a opinião dele. Como *ele* resolveria o problema de conciliar os interesses dos dois lados? Como o próprio Neuharth reconheceu mais tarde, ele devia ter pedido a opinião de Wyman antes de simplesmente informá-lo de qual seria o novo nome. Neuharth não só teria envolvido Wyman, como também teria ficado sabendo da importância que a CBS dava a manter seu nome.

Depois de coletar as ideias do outro lado, você precisa basear-se nelas. Isso não significa aceitá-las sem alterações. Escolha as ideias que você considera mais construtivas e, com base nelas, prossiga na direção desejada. É mais fácil convencer seu chefe a mudar de posição se você disser: "Com base na sua ideia, e se nós...?", "Tive uma ideia com base no que você disse na reunião da semana passada..." ou "Pensando na nossa conversa de ontem, me ocorreu que...". Mostre ao outro lado como sua proposta se originou das ideias dele ou se relaciona com uma das ideias *dele*.

Basear-se nas ideias do outro lado não significa desmerecer as suas. Significa construir uma ponte entre as ideias dele e as suas. É como o abade do século 17 sobre quem o papa disse: "Quando a conversa começava, ele sempre era da minha opinião e, quando terminava, eu sempre era da opinião dele".[4]

Peça uma crítica construtiva

À medida que desenvolve suas ideias, mantenha o outro lado envolvido, pedindo opiniões e críticas. Deixe claro que você não está pedindo uma decisão definitiva, mas só um feedback. Incentive comentários construtivos fazendo perguntas focadas na resolução de problemas, como "Quais interesses essa abordagem não conseguiria satisfazer?", "Por que você acha que isso não seria justo?", "Como você melhoraria essa ideia?" e "Temos como melhorar para você sem prejudicar meus interesses?".

Depois de coletar as sugestões, vocês podem elaborar juntos um rascunho, incorporando as ideias dos dois. Em seguida, repasse as ideias pedindo mais opiniões. Em uma negociação envolvendo vários lados, mostre o rascunho a todos os participantes relevantes e peça sugestões. Em seguida, faça as alterações cabíveis no rascunho e, se necessário, peça mais sugestões. Com isso, você pode chegar aos poucos a um consenso. O processo é um pouco como pintar um mural juntos. O outro lado, você, seu chefe e o chefe do outro lado vão contribuindo com algumas pinceladas. Assim, todas as pessoas envolvidas começam a se sentir donas da proposta.

Dê uma escolha ao oponente

Se o outro lado resiste a revelar as próprias ideias ou a dar feedback sobre as suas, tente envolvê-lo no processo ao lhe dar uma escolha. Por exemplo, se ele se esquiva do diálogo, comece pedindo que ele tome pequenas decisões: "Que horário é melhor para você? Às 10 da manhã na terça ou às 3 da tarde na quarta?" e "Você prefere fazer a reunião na sua empresa ou na minha?".

Se ele se recusa a explorar opções para resolver o impasse, ofereça uma lista de alternativas entre as quais escolher. Por exemplo, se vocês não estão conseguindo decidir o preço, diga: "Podemos resolver a diferença entre o preço que você está pedindo e o preço que estou oferecendo contratando um avaliador *ou* posso pagar a diferença com serviços *ou* posso pagar em prestações. O que você prefere?". Pode ser mais fácil para o outro lado escolher entre A, B e C do que pensar em D.

Quando ele escolhe uma alternativa, a ideia passa a ser dele. Vejamos o exemplo de uma mulher que negociava um acordo com um empreiteiro para reformar a casa dela.[5] Preocupada com a possibilidade de a reforma levar muito mais tempo do que planejava, ela propôs uma multa de 20% por algum eventual atraso. O empreiteiro, porém, recusou a proposta. Em vista disso, ela perguntou diretamente: "Tudo bem. Então *você* me diz quando o trabalho com certeza estará terminado". Pego de surpresa, ele disse que a reforma com certeza estaria concluída três meses depois do prazo original. Ela perguntou: "Certo, então agora você concorda com a ideia da multa?". Como ela só estava pedindo que ele confirmasse sua própria estimativa baseada no pior cenário possível, o empreiteiro concordou.

O processo de trabalhar com um oponente pode ser demorado e árduo, mas as recompensas podem ser grandes. Lembre-se do provérbio chinês: "Diga-me e eu talvez ouça. Ensine-me e eu talvez me lembre. Envolva--me e eu farei".

Satisfaça interesses não atendidos

Ainda que o outro lado esteja completamente envolvido no processo de elaboração de um acordo, pode ser que ele resista a bater o martelo. Muitas vezes, essa resistência resulta de um interesse que você negligenciou.

Vejamos o exemplo do negociador de aquisições da Campbell Soup Company que tentava comprar um restaurante de enorme sucesso.[6] A Campbell tinha interesse em abrir uma rede de restaurantes. O negociador de aquisições começou fazendo o que considerava uma oferta justa, mas o proprietário do estabelecimento a rejeitou. Nas seis semanas seguintes, o negociador aumentou a oferta várias vezes, mas sem sucesso. O proprietário se recusava até a fazer uma contraproposta. A negociação tinha chegado a um impasse, e o negociador estava prestes a desistir. Ele atribuiu o impasse à personalidade difícil do proprietário.

No entanto, antes de desistir, o negociador decidiu sondar um pouco. Na reunião seguinte com o proprietário, ele abriu mão de sua busca obstinada de fechar um acordo e encorajou o proprietário a falar sobre suas reservas em relação à venda do restaurante. O proprietário disse: "Este restaurante é como um filho para mim. E foi ele que me tornou famoso. Não sei se quero vendê-lo para trabalhar na sua empresa. Para começar, eu gosto de comandar meu restaurante. Vocês teriam de me pagar muito para valer a pena para mim abrir mão disso tudo". O negociador percebeu que o proprietário tinha uma grande necessidade de autonomia e reconhecimento, interesses que claramente não eram atendidos por um acordo segundo o qual o proprietário se tornaria um funcionário da empresa.

O negociador então perguntou: "E se você não precisasse trabalhar para a Campbell? Seria um pouco incomum, mas e se formássemos uma *joint venture* e cuidássemos juntos do restaurante? A Campbell compraria, digamos, 80% da participação e você ficaria com 20%. Você seria o presidente da *joint venture* e se manteria no comando. E concordaríamos em comprar seus 20% em algum momento no futuro. Quanto mais tempo você ficar, mais pagaremos pela sua parte. Será que algo assim atenderia às suas necessidades?".

O proprietário foi receptivo à ideia, e o acordo foi fechado. Suas necessidades de reconhecimento e autonomia foram satisfeitas, assim como seu interesse por um preço justo. A Campbell conseguiu adquirir o restaurante a um preço razoável e manter o proprietário por tempo suficiente para se beneficiar de sua fórmula de sucesso na administração do negócio.

Essa história ilustra a importância de procurar uma solução criativa. E mostra como é fácil deixar passar uma solução ao negligenciar os interesses do outro lado. Para ajudar a satisfazer esses interesses, como o negociador da Campbell fez, é preciso abandonar três suposições: que o outro lado é irracional e não pode ser satisfeito; que basicamente ele só quer dinheiro; e que você não tem como atender às necessidades dele sem abdicar das suas.

Não presuma que o oponente é irracional

Quando você está frustrado com um adversário inflexível, é fácil achar que o impasse se deve à natureza irracional dele: "Meu chefe é louco. Não dá para conversar com ele" ou "Os adolescentes não têm jeito. Não adianta tentar argumentar com eles". Se você concluir que é impossível lidar com seu oponente, não se dará ao trabalho de sondar seus interesses.

É fácil chegar a essa conclusão com sequestradores: "É impossível negociar com terroristas. Eles são todos loucos". É verdade que o comportamento deles pode ser irracional do nosso ponto de vista, mas pode fazer todo o sentido do ponto de vista *deles*. Se, na *perspectiva deles*, houver uma relação lógica entre seus interesses e suas ações, é possível influenciá-los. Um famoso negociador de reféns, que representa empresas do mundo todo quando algum de seus executivos é sequestrado, explica: "Todos os sequestradores são racionais. Todos eles negociam. Todos eles querem alguma coisa".[7] Se é possível negociar até com sequestradores, também é possível negociar com seu chefe ou com seu filho adolescente.

Portanto, não desista tão fácil. Coloque-se no lugar do outro e pergunte a si mesmo com sinceridade: "Eu concordaria com isso se estivesse no lugar dele? Por que não?". E lembre-se de que os valores dele podem ser diferentes dos seus, o que pode levá-lo a rejeitar uma proposta que você considera aceitável. Se você der uma boa olhada, como o negociador da Campbell fez, pode encontrar interesses que justificam a recusa do outro lado de chegar a um acordo.

Tente resolver as objeções do outro lado e satisfazer os interesses dele ao mesmo tempo que satisfaz os seus. Por exemplo, os terroristas costumam ser motivados por um profundo desejo de obter reconhecimento público por sua causa. Muitas vezes, o segredo para convencê-los a libertar os reféns é mostrar que a mensagem deles foi ouvida e que matar os reféns só os desacreditaria aos olhos do público.[8] Muitos sequestros de solução aparentemente impossível terminaram depois que os terroristas tiveram a chance de falar na TV e no rádio.

Não ignore as necessidades básicas de todo ser humano

Costumamos presumir, como o negociador de Campbell supôs no começo, que o outro lado só está interessado em dinheiro ou em algo igualmente tangível. Tendemos a ignorar as motivações *intangíveis* que levam ao comportamento dele: as necessidades básicas que todo ser humano tem. Todo ser humano tem necessidade de segurança e um profundo desejo de ser reconhecido. Todo mundo quer fazer parte de algum grupo e controlar o próprio destino. Nações e grupos étnicos também têm suas necessidades básicas – e, caso estas não sejam atendidas, podem impedir o acordo.

Ao satisfazer as necessidades humanas básicas do oponente, será mais fácil convencê-lo a fechar o acordo. O negociador da Campbell conseguiu satisfazer as necessidades de reconhecimento e autonomia do proprietário do restaurante. O jovem Steven Spielberg encontrou um jeito de satisfazer a necessidade do valentão de se sentir importante. Um sequestro em Boston terminou depois que as autoridades garantiram que o sequestrador sairia ileso. Um impasse em uma negociação de aquisição de um banco em Wisconsin foi superado quando o comprador concordou em manter o nome do vendedor no banco. Um conflito étnico na região italiana de Trentino-Alto Ádige foi neutralizado quando o governo concedeu autonomia cultural e administrativa à minoria falante de alemão.

Não presuma que o tamanho da torta é fixo

Mesmo depois de identificar os interesses que o outro lado quer satisfazer, você pode pensar que não tem como atendê-los sem abrir mão dos seus. Você pode estar imaginando, equivocadamente, uma "torta de tamanho fixo". Ao pensar assim, você acha que, se o outro lado ganhar mais, você necessariamente sairá perdendo. Muitas vezes, porém, é possível aumentar a torta e satisfazer os interesses do outro lado sem incorrer em custos e até com algum benefício para você.

Procure trocas de baixo custo e alto benefício. A maneira mais comum de aumentar o tamanho da torta é fazer uma troca de baixo custo e alto benefício. Identifique concessões que você pode fazer que seriam de alto benefício para o outro lado, mas de baixo custo para você. Em troca, procure concessões que o outro lado pode fazer que seriam de alto benefício para você, mas de baixo custo para ele.

Vejamos uma negociação entre um empresário americano e um taxista russo. Falando um russo macarrônico, o empresário perguntou quanto sairia para levá-lo do aeroporto para o hotel. "Quarenta rublos", o taxista respondeu. O preço, equivalente na época a 60 dólares, pareceu alto para o empresário, mas, quando ele perguntou a outro taxista, recebeu a mesma cotação. O americano voltou ao aeroporto e comprou uma garrafa de vodca de 20 dólares numa loja que aceitava moeda estrangeira. Ele ofereceu a garrafa ao primeiro taxista no lugar do pagamento em dinheiro, uma oferta que o taxista aceitou avidamente. Por quê? Porque o russo teria de esperar quatro horas na fila para comprar a mesma garrafa de vodca em uma loja na cidade. A vodca era um item de baixo custo para o americano e de alto benefício para o russo. A viagem de táxi era um item de baixo custo para o russo e de alto benefício para o americano.

Use uma abordagem do tipo "se-então". Outra maneira de aumentar a torta é usar uma abordagem do tipo "se-então". Suponha que você seja um consultor de marketing negociando o preço de seus serviços com uma cliente. Você normalmente cobraria 15 mil dólares, mas sua cliente não aceita pagar mais de 10 mil. Ela resiste em pagar o preço proposto em grande parte porque não sabe ao certo se seu trabalho vai de fato ajudá-la. Em vez de tentar convencê-la de que ela está errada, tente tranquilizá-la usando a abordagem "se-então": "Você pode me pagar 10 mil dólares agora e, *se* suas vendas aumentarem 20% nos próximos seis meses, *então* você me paga um bônus de 10 mil". A cliente prontamente concorda, porque o

156 Supere o não

aumento das vendas facilitaria justificar para a empresa o pagamento do bônus. Você se arrisca, mas, se tiver sucesso, pode ganhar ainda mais do que o valor proposto originalmente. Em suma, não enfrente o ceticismo do outro lado; beneficie-se disso, pensando em uma solução para "aumentar a torta".

Ajude o oponente a manter as aparências

Mesmo que você consiga satisfazer os principais interesses do outro lado, ele ainda pode não concordar em fechar o acordo. Afinal, uma negociação não ocorre em um vácuo social. Sempre há um interessado ou um público com cuja opinião o outro lado se preocupa (um chefe, uma empresa, colegas, família, amigos ou seu próprio crítico interno). Naturalmente, ele não quer que pensem que ele foi fraco na negociação. Se ele já tiver assumido uma posição em público e acabar dando para trás, as pessoas que ele representa poderão dizer: "Você se vendeu!", "Que tipo de negociador você é?" ou "Você deixou que ele nos roubasse como quem rouba doce de uma criança!". A inflexibilidade do outro lado pode resultar de restrições impostas pelas pessoas que ele representa, e não de suas próprias preocupações.

Você pode pensar: "Deixe que ele se preocupe com os críticos *dele* e eu me preocupo com os meus". Mas, como o pessoal dele tem o poder de impedir o acordo que você deseja, cabe a você ajudar o outro lado a lidar com essas pessoas. As críticas do grupo que o outro lado representa normalmente se resumem a dois argumentos: o negociador recuou e o acordo proposto é insatisfatório. Seu desafio é ajudar o outro lado a evitar essas duas críticas.

Ajude-o a recuar sem ceder

É importantíssimo manter as aparências em um processo de negociação. Muitas pessoas acham que uma tentativa de ajudar o oponente a manter as aparências não passa de um gesto vazio no fim de uma negociação para massagear o ego do outro. Mas as aparências, nesse contexto, são muito mais importantes do que o ego. Ajudar o oponente a manter as aparências é um atalho para a autoestima da pessoa, sua dignidade, seu senso de honra, seu desejo de agir de acordo com seus princípios e com afirmações que fez no passado... além, é claro, de seu desejo de se sair bem perante os outros. Todos esses fatores podem ser ameaçados se ele tiver de mudar de posição. Você só vai conseguir convencê-lo a fazer isso se puder ajudá-lo a manter as aparências.

Vejamos o exemplo do estadista francês Georges Clemenceau, que ajudou o outro lado a manter as aparências ao negociar a compra de uma estatueta em um bazar oriental.[9] O lojista ofereceu a estatueta a Clemenceau por "apenas" 75 rúpias, "porque é para você". O francês respondeu com uma contraoferta de 45 rúpias. O lojista tentou negociar, mas Clemenceau se ateve à sua oferta inicial. Chegou um ponto em que o lojista ergueu as mãos para o céu e protestou: "É impossível negociar com você! Prefiro lhe dar isso de graça!". "Negócio fechado!", Clemenceau respondeu, embolsando a estatueta, e então disse: "O senhor é excepcionalmente gentil e sou muito grato, mas um presente como este só poderia ter vindo de um amigo. Espero que o senhor não se insulte se eu lhe oferecer algo em troca". O lojista, perplexo, disse que não se ofenderia. "Aqui está", disse Clemenceau, procurando ajudá-lo a manter as aparências. "São 45 rúpias para o senhor doar para caridade." O lojista aceitou o dinheiro, e o acordo foi fechado sem prejudicar a relação entre eles.

Mostre como as circunstâncias mudaram. Uma abordagem para ajudar seu oponente a manter as aparências é explicar que originalmente ele até podia ter razão, mas que as circunstâncias mudaram. Suponha que seu cliente mais importante insiste em fazer alterações no contrato-padrão que vocês firmaram, mas o advogado de sua empresa lhe diz que não haverá alterações. Em vez de contestar diretamente a decisão do advogado, procure novas condições que permitam a ele justificar outra abordagem: "A política de não fazer mudanças sempre foi perfeita para um mercado regulamentado. Mas, agora que o governo desregulamentou o setor, estamos enfrentando concorrentes muito mais agressivos. Será que vale mesmo a pena arriscar perder um de nossos maiores clientes?".

Peça a opinião de um terceiro. Um método clássico para ajudar o outro lado a manter as aparências é incluir um terceiro na negociação, tal como um mediador, um especialista independente, um chefe ou um amigo mútuo. Uma proposta inaceitável vinda de você pode ser aceitável se vier de um terceiro.

Vejamos o exemplo do pescador que queria comprar um chalé na floresta.[10] O proprietário queria um valor absurdamente alto, 45 mil dólares, e anunciou que não negociaria. O pescador fez de tudo para convencer o proprietário a mudar de ideia, mas sem sucesso. Finalmente, o pescador disse: "Tudo bem. Eu pago qualquer valor que um avaliador decidir que seria um preço justo pelo chalé". O proprietário respondeu: "Certo, mas *eu* escolho o avaliador". O pescador retrucou: "Então, você escolhe um avaliador, eu escolho outro avaliador e, juntos, os dois avaliadores podem escolher um terceiro". O proprietário concordou. Cada um escolheu um avaliador, e os dois avaliadores escolheram o presidente da sociedade de avaliadores locais. Sob o olhar atento dos colegas, ele chegou a um valor de 38 mil dólares. Reclamando que o avaliador não sabia de nada, o teimoso proprietário concordou em vender o chalé por esse preço. O proprietário manteve sua promessa de que não negociaria e conseguiu manter as aparências.

Mostre um padrão de justiça. Na ausência de um terceiro, você pode usar outro bom método: um padrão justo. Suponha que seu carro tenha sido roubado e você não esteja conseguindo chegar a um acordo com a representante de uma seguradora de automóveis sobre o valor da indenização. Ela se recusa a pagar mais de 5 mil dólares, mas você acha que o justo seria 7 mil. Então você propõe: "Por que não deixamos o mercado decidir? Você verifica anúncios de carros semelhantes à venda e eu faço o mesmo. Amanhã a gente volta a se falar". Com as novas informações em mãos, vocês concordam com um valor de 6.500 dólares. Ela não sente que está cedendo, já que está apenas seguindo o preço de mercado.

Ela também fica com uma explicação válida, caso sua decisão seja questionada pelo chefe.

Ajude o oponente a escrever o discurso de vitória

As pessoas que seu oponente representa podem atacar o acordo proposto considerando-o insatisfatório. Por isso, pense em como o outro lado pode apresentar a proposta sob uma luz mais favorável, talvez até como uma vitória. O que você poderia oferecer para ajudar a transformar a explicação de seu oponente em um discurso de vitória?

O presidente americano John F. Kennedy e seus consultores tentaram responder a essa pergunta em outubro de 1962, ao pensar em um jeito de facilitar para o primeiro-ministro soviético Nikita Khrushchev decidir-se por retirar os mísseis soviéticos de Cuba. Kennedy prometeu a Khrushchev que os Estados Unidos não invadiriam Cuba, responsabilizando-se pessoalmente pela promessa. Como Kennedy não tinha intenção alguma de invadir, não foi difícil fazer a promessa. No entanto, isso permitiu que Khrushchev anunciasse ao mundo comunista que ele tinha conseguido defender a revolução cubana de um ataque americano. Ele pôde justificar sua decisão de retirar os mísseis, alegando que o armamento soviético em Cuba já tinha cumprido seu propósito.

Adiante-se ao que os críticos de seu oponente podem dizer e apresente contra-argumentos convincentes. Se, por exemplo, você estiver negociando um aumento salarial com sua chefe, pense no que os colegas dela diriam se ela concordasse com a proposta: "Você está sendo muito generosa com o dinheiro da empresa", "Se minha equipe ficar sabendo que você deu esse aumento, eles também vão exigir um". Em seguida, pense nas respostas que sua chefe poderia dar: "Ele merece o aumento. Ele trouxe clientes que renderam 5 milhões de dólares à empresa no ano passado. Se não o recompensarmos por seu empenho, vamos perdê-lo para a concorrência". Quando você for pedir o aumento, ajude sua chefe levantando você mesmo as críticas e apresentando os contra-argumentos.

Praticamente sem custo, você pode ajudar o outro lado a transformar um recuo em um avanço. Suponha, por exemplo, que você esteja negociando com um líder sindical que se comprometeu a voltar das negociações com 10% de aumento salarial para os trabalhadores. Você pode concordar em dar um aumento de 4% este ano e aumentos de 3% nos próximos dois anos. Com isso, ele pode dizer ao sindicato que conseguiu obter o aumento de 10%... em três anos. Ou suponha que você esteja comprando o apartamento de um casal que está decidido a receber 200 mil dólares pelo imóvel porque esse foi o valor que eles pagaram, apesar de o apartamento ter desvalorizado e hoje valer apenas 180 mil. Você pode concordar em pagar os 200 mil em parcelas, para que no fim o preço seja equivalente ao pagamento à vista de 180 mil.

Não se esqueça da importância de dar créditos ao oponente. Mesmo que a solução tenha sido ideia sua, compartilhe os créditos com o outro lado ou, melhor ainda, deixe que ele fique com todos os créditos. Em Washington, uma cidade repleta de políticos ávidos por assumir os créditos pelas boas ideias, há um ditado que diz: "Não há limite para o que você pode realizar nesta cidade, se estiver disposto a deixar que o outro assuma os créditos". O mesmo vale para as negociações. Vejamos um exemplo. Um casal de noivos estava fazendo a lista de presentes de casamento e a noiva queria pedir um conjunto de jantar de porcelana. O noivo resistiu, dizendo: "Não precisamos de tanta louça". Toda vez que o assunto vinha à tona, eles brigavam. Em um gesto de boa vontade, ele a acompanhou à loja, onde viu um conjunto de jantar que lhe agradou. Ela concordou imediatamente com a escolha e lhe deu os créditos pela decisão. Com isso, ele pôde se gabar para a família e os amigos que quem escolheu o conjunto de porcelana foi *ele*.

Mesmo que você não tenha nada para dar ao outro lado, muitas vezes é possível mudar a perspectiva da situação para não parecer que ele saiu perdendo. Certa vez, diante de um partidário que insistentemente lhe pedia um título de nobreza, o primeiro-ministro britânico Benjamin Disraeli lhe disse: "Você sabe que eu não posso lhe dar o título de baronete, mas você pode dizer a seus amigos que eu lhe ofereci um e você recusou. É muito melhor".[11]

Vá devagar para ir rápido[12]

Mesmo que você consiga satisfazer os interesses do outro lado e o ajude a manter as aparências, pode ser que ele não concorde, porque o processo de chegar a um acordo muitas vezes parece difícil demais. São muitas decisões a tomar em pouquíssimo tempo.

Cabe a você facilitar o processo. Vá devagar para poder ir rápido. Veja-se como um guia ajudando um cliente que tem medo de altura a subir uma montanha íngreme. Divida a jornada em pequenas etapas, controle o ritmo do cliente, pare para descansar quando necessário e, de tempos em tempos, olhe para trás e mostre quanto vocês já avançaram.

Guie o oponente a cada passo do caminho

Se um acordo sobre o pacote todo inicialmente parecer impossível, tente dividir o acordo em etapas. Uma abordagem passo a passo transforma aos poucos o impossível em possível. Cada acordo parcial pode abrir oportunidades até então invisíveis.

Veja como a abordagem passo a passo levou o diplomata americano Charles Thayer a conseguir negociar com o diretor de uma penitenciária alemã no início da Segunda Guerra Mundial. Thayer, cuja missão era entregar alguns pertences e suprimentos a um vice-cônsul britânico que estava detido no presídio, contou:

> Ele [o diretor da penitenciária] trouxe o vice-cônsul britânico de sua cela e fui entregando os itens um a um: pijamas, camisas, meias, sabonete, escova de dentes... Nesse ponto, tirei uma garrafa de xerez, explicando que os agentes penitenciários deveriam servir a bebida ao vice-cônsul antes do almoço. O diretor não disse nada, mas pegou a garrafa, sub-

misso. Em seguida, tirei uma garrafa de champanhe e disse que a bebida deveria ser refrigerada na temperatura correta e servida durante o jantar do vice-cônsul. O diretor pareceu incomodado, mas permaneceu em silêncio. Em seguida, tirei uma garrafa de gim, outra de vermute e uma coqueteleira. Este último item, eu expliquei, era para preparar o martíni do vice-cônsul antes de ele se deitar. "É para fazer assim", comecei, voltando-me ao diretor, "você pega uma parte de vermute e quatro partes de gim, coloca bastante gelo...". Mas eu tinha chegado ao fim de meus pequenos passos.

"*Verdammt*!", o diretor explodiu. "Posso servir xerez, champanhe e até gim a esse prisioneiro, mas ele pode muito bem preparar o próprio martíni."[13]

Se Thayer tivesse apresentado todas as exigências de uma só vez, o diretor sem dúvida teria rejeitado o pacote inteiro. Ao adotar uma abordagem passo a passo, Thayer conseguiu cumprir praticamente toda a sua missão.

Para quebrar o gelo no início de uma negociação tensa, comece, como Thayer fez, com as questões mais fáceis. Ao avançar progressivamente dessas para as mais difíceis, você pode ajudar seu oponente a se habituar a dizer sim – e pode mostrar que é possível chegar a um acordo.

Se o outro lado for especialmente desconfiado, considere começar com um experimento. Suponha que você tenha elaborado uma boa proposta para um novo projeto, mas seu chefe reluta em lhe dar autorização para prosseguir. Para ele, parece mais simples e seguro ater-se a soluções já testadas e comprovadas. Para facilitar a vida dele, transforme o projeto em um experimento: "Que tal fazermos um projeto-piloto em um departamento?" ou "E se tentássemos por um mês para ver no que dá?". Uma vez que reduz o risco, um acordo experimental facilita para o outro lado dizer sim.

Nos altos e baixos de uma negociação complicada, é fácil perder de vista o que mais importa e se deixar desanimar. Ver que o número de acordos está aumentando e o número de desacordos diminuindo mostra que vocês estão avançando. Faça uma pausa a cada passo do caminho para resumir o progresso que fizeram: "Então, nós basicamente já concordamos com o produto e o preço. Agora só falta decidir como vamos dividir os custos da manutenção e da entrega".

Deixe para fechar o acordo no fim da negociação

Às vezes a abordagem passo a passo não funciona porque o outro lado reluta em fazer até o menor acordo, pensando: "Se eu der a mão agora, você vai querer o braço". Se for o caso, não o pressione para fazer uma concessão imediata. Tranquilize o oponente dizendo que ele só vai precisar fechar um acordo no fim da negociação, quando ele puder ver exatamente o que receberá em troca.

Foi o que o presidente americano Jimmy Carter fez nas negociações de Camp David, em 1978, para resolver as diferenças entre Israel e Egito. Tanto o primeiro-ministro israelense, Menachem Begin, quanto o presidente egípcio, Anwar Sadat, estavam relutantes em abandonar suas posições declaradas, temendo que qualquer concessão fosse vista como sinal de fraqueza. Assim, Carter não lhes pediu para mudar de posição antes do fim dos treze dias de negociações. Nesse meio-tempo, ele os direcionou para fazer sugestões e melhorar continuamente um esboço do acordo. Depois de 23 rascunhos, parecia não haver mais nenhuma maneira de melhorar o acordo para um lado sem piorar para o outro. Só então Carter pediu que Begin e Sadat tomassem uma decisão. Em vez de ter de tomar muitas decisões difíceis ao longo do caminho, cada líder só precisou tomar uma decisão no final. Em vez de sentir que não estava no controle, cada lado pôde ver exatamente o que receberia em troca de suas concessões. Begin viu que, em troca de renunciar ao Sinai, Israel poderia viver em paz com o Egito. Sadat viu que, em troca da paz com Israel, ele receberia o Sinai de volta. Os dois líderes disseram sim.

Se o outro lado resistir à abordagem passo a passo, deixe claro que *nenhum* acordo precisa ser feito até que os dois lados estejam de acordo sobre *todos* os itens.

Não corra para cruzar a linha de chegada

As pessoas tendem a acelerar no fim de uma negociação. A reunião está chegando ao fim. Um prazo está se aproximando e os trabalhadores ameaçam entrar em greve. Alguém precisa tomar um avião. Ou vocês podem simplesmente sentir que um acordo está próximo e começar a correr em direção à linha de chegada como o corredor que acelera no fim de uma prova.

Seja qual for o motivo da correria, é fácil cometer erros quando as decisões são tomadas às pressas. Se você apressar o outro lado, ele poderá explodir por causa de algum detalhe trivial ou começar a ver defeitos em alguma parte do acordo. Para não perder o acordo, você precisa desacelerar, se afastar e lhe dar uma chance para pensar.

Encoraje-o a consultar o chefe. Ele pode ter recebido instruções de manter uma posição inflexível. Se ele voltar com um acordo muito diferente, o chefe pode rejeitá-lo. Uma conversa entre eles permite que o negociador mostre ao chefe os méritos do acordo proposto e garanta seu apoio.

Na pressa, também é fácil concluir que você chegou a um acordo quando, na verdade, não chegou. Quando os advogados começarem a redigir o contrato no dia seguinte, podem descobrir que você e seu oponente têm diferentes interpretações do acordo. Isso pode levar a acusações de más intenções, o que o deixa em uma situação pior do que se você não tivesse anunciado que o acordo foi fechado.

Existe uma maneira simples de evitar esse problema. Quando você achar que chegou a um acordo, reserve um tempo para fazer um resumo: "Que tal repassarmos o acordo para vermos se nós dois concordamos com todos os itens?". Em seguida, analise com cuidado cada questão. Se possível, registre o acordo por escrito. O magnata da indústria cinematográfica Samuel Goldwyn certa vez brincou: "Um contrato verbal não vale o papel em que está escrito". Faça o que fizer, verifique se os termos são claros e específicos. Um pouco de clareza nesta etapa pode evitar muitos desentendimentos desnecessários no futuro.

Do outro lado da ponte

Construir uma ponte dourada requer muito mais do que fazer uma proposta atraente ao outro lado. Em primeiro lugar, implica envolvê-lo na elaboração do acordo. Em segundo lugar, requer ver além dos interesses mais evidentes do outro lado, como dinheiro, para satisfazer as necessidades mais intangíveis dele, como reconhecimento ou autonomia. Em terceiro lugar, implica ajudá-lo a manter as aparências quando ele recuar da posição inicial – ou, em outras palavras, implica encontrar um jeito para ele apresentar o acordo como uma vitória ao grupo que representa. E, por fim, significa ir devagar para ir rápido, orientando-o passo a passo para cruzar a ponte.

Agora, você facilitou ao máximo para o outro lado dizer sim. Se ele cruzar a ponte, parabéns! Caso contrário, você precisa *dificultar* ao máximo para ele dizer não. Esse é o tema do próximo capítulo.

5

NÃO INTIMIDE:
USE O PODER PARA INSTRUIR

"O melhor general é aquele que nunca luta."
– Sun Tzu

E se, apesar de todas as suas tentativas de construir uma ponte dourada, seu oponente continuar se recusando a chegar a um acordo? Nesse caso, você tem mais uma barreira a superar: os jogos de poder do oponente. Mesmo se sua proposta for atraente, ele ainda pode ver a negociação como um jogo no qual um lado ganha e o outro perde. Ele pode achar que, quanto mais você perde, mais ele sai ganhando. E, pensando assim, pode tentar dominá-lo, forçando sua submissão.

Você pode concluir que sua única opção é entrar no jogo de poder do oponente. No jogo de poder, você não se preocupa mais em ouvir e reconhecer e passa a ameaçar; não visa mais mudar a perspectiva da posição do oponente e começa a insistir na sua própria posição; e, em vez de construir uma ponte dourada, tenta forçá-lo a sair do jogo. Você usa todo o seu poder para levá-lo a fazer o que você quer. Tenta fazer com que seu colega difícil seja demitido, entra com um processo contra um cliente inadimplente, entra em greve contra uma empresa intransigente ou declara guerra contra uma nação adversária.

Você usa seu poder não só como um meio, mas também como um fim. Quanto mais recursos você investir na batalha, mais vai querer que seu oponente compense seus esforços. Seu objetivo deixa de ser satisfazer os interesses dos dois e passa a focar uma vitória arrasadora sobre o oponente.

O jogo de poder funciona assim: você ameaça ou tenta coagir o outro lado e ele recua. Mas, a menos que você tenha uma clara vantagem de poder, ele normalmente resiste e contra-ataca. Ele pode se deixar levar pela raiva e pela hostilidade, revertendo suas tentativas de desarmá-lo. Ele se atém ainda mais à própria posição, frustrando suas tentativas de mudar o jogo. Ele resiste a chegar a um acordo não só porque você talvez esteja fazendo mais exigências, mas também porque fechar um acordo significaria aceitar a derrota.

Quanto mais você dificulta para o outro lado dizer não, mais difícil também é para ele dizer sim. Esse é o paradoxo do poder.

Nessa situação, você é forçado, a um alto custo, a tentar impor uma solução ao outro lado. E, quando ele contra-ataca, você se envolve cada vez mais numa batalha sem fim e muito dispendiosa. Ao abrir um processo judicial, entrar em greve ou declarar guerra, você gasta muito tempo e dinheiro, sem mencionar todo o sangue, suor e lágrimas que serão derramados.

É fácil acabar em uma situação na qual os dois lados saem perdendo, em vez de chegar a um acordo ganha-ganha. A empresa que abre o processo pode perder um cliente valioso, o sindicato que decide entrar em greve pode forçar a empresa à falência, e o país que vai à guerra pode ver-se preso em um impasse desastroso. Como disse Mahatma Gandhi, "olho por olho, e o mundo acabará cego".

Mesmo se vencer a batalha, você pode vir a perder a guerra. Nesse processo, você pode destruir seu relacionamento com o outro lado. E ele tentará encontrar uma maneira de voltar atrás no acordo ou revidar na próxima vez que se vir em uma posição de poder. A guerra (seja ela militar, corporativa ou familiar) é um método caro de lidar com as disputas. É por isso que, mais de dois mil anos atrás, o grande estrategista chinês Sun Tzu escreveu: "Obter cem vitórias em cem batalhas não é o apogeu da habilidade. O apogeu da habilidade é subjugar o inimigo sem lutar".[1]

Como você pode usar seu poder para conduzir o oponente a um acordo sem acabar em uma batalha dispendiosa? Como pode usar o poder de forma construtiva e não destrutiva? Como pode superar o paradoxo do poder?

Use o poder para instruir

O maior erro que cometemos quando nos sentimos frustrados é abandonar o jogo da resolução de problemas e se voltar ao jogo de poder.

Superar o paradoxo do poder implica facilitar para o outro lado dizer sim *ao mesmo tempo que* dificulta dizer não.

Para facilitar o sim, você precisa negociar para resolver os problemas; para dificultar o não, você precisa exercer seu poder. Você não precisa escolher entre os dois. Pode muito bem fazer ambos.

Exercitar o poder deve ser uma parte integrante da negociação para a resolução de problemas. Use o poder para conduzir o oponente de volta à negociação. Em vez de buscar a vitória, busque satisfazer os interesses dos dois lados. *Use o poder para ajudar seu oponente a pensar racionalmente, não para colocá-lo de joelhos.*

Se o outro lado se recusa a chegar a um acordo apesar de todas as suas tentativas, geralmente é porque ele acredita que pode vencer. Ele acredita que a melhor alternativa que tem à negociação (sua Batna) é superior à ponte dourada que você construiu. Você precisa convencê-lo de que ele está errado.

Use seu poder para *instruir* o outro lado e mostrar que a única maneira de ele sair ganhando é *vocês dois* ganharem juntos. Seja como um conselheiro respeitoso. Aja como se o outro lado simplesmente desconhecesse a melhor maneira de atingir os próprios interesses. Redirecione a atenção do oponente às vantagens de evitar as consequências negativas de não chegar a um acordo. Não tente impor seus termos. O melhor é direcionar a decisão dele para que ele tome uma decisão que seja do interesse dele *e* do seu.

Usar o poder para instruir o outro lado complementa a construção da ponte dourada. A primeira abordagem aponta os custos de não se chegar a um acordo, ao passo que a segunda aponta os benefícios do acordo. O outro lado se vê diante da escolha entre aceitar as consequências de não chegar a um acordo e cruzar a ponte. Seu trabalho é continuar mostrando o contraste entre essas duas opções até que o outro lado reconheça que a melhor maneira de satisfazer os próprios interesses é cruzar a ponte.

Explique as consequências

Se o outro lado não se dá conta das consequências de não chegar a um acordo, deixe claro como elas são sérias.

Faça perguntas para ajudar o oponente a ver a real situação

A melhor maneira, e a mais barata, de instruir o outro lado é deixar que ele aprenda sozinho. Faça perguntas para levá-lo a pensar nas consequências de não chegar a um acordo. *Deixe a realidade ser o professor.*

Quando a Chrysler estava à beira da falência em 1979, o presidente da empresa, Lee Iacocca, tentou negociar uma garantia de crédito com o Congresso americano.[2] Mas a maioria dos congressistas achava que não cabia ao governo resgatar empresas privadas. Em audiências subsequentes, Iacocca tentou ajudar os congressistas a ver a real situação. Para redirecionar a atenção deles às consequências de rejeitar o apelo da Chrysler, ele fez perguntas como: "Será que os Estados Unidos realmente se beneficiariam se a Chrysler fechasse as portas e a taxa de desemprego do país aumentasse mais de meio por cento da noite para o dia? Será que a livre iniciativa realmente se beneficiaria do fato de a Chrysler deixar de existir e da perda de dezenas de milhares de empregos?".

Citando uma estimativa do Departamento do Tesouro sobre o montante que as demissões custariam ao governo em seguro-desemprego e previdência apenas no primeiro ano, Iacocca disse aos congressistas: "Vocês têm uma escolha. Vocês querem pagar os 2,7 bilhões de dólares agora ou querem garantir metade desse valor com uma boa chance de receber tudo de volta?".

Em outras palavras, o que Iacocca estava perguntando era: "Vocês estão dispostos a aceitar as consequências de não fazer o acordo ou preferem cruzar a ponte dourada?". Embora os congressistas se opusessem a resgatar a Chrysler por razões ideológicas, eles mudaram de ideia quando reconheceram a realidade. Como Iacocca escreveu mais tarde, quando os congressistas "se deram conta de quantas pessoas de seu distrito eleitoral dependiam da Chrysler para sobreviver, a ideologia passou para o segundo plano". Com isso, Iacocca conseguiu a garantia de crédito de 1,5 bilhão de dólares da qual a empresa precisava.

As três perguntas mais comuns para ajudar o outro lado a enxergar a real situação são:

"O que você acha que vai acontecer se não chegarmos a um acordo?" A pergunta mais óbvia é a que Iacocca fez ao Congresso: "Quais serão os custos se não conseguirmos chegar a um acordo?". Se parecer que o outro lado não está vendo a realidade como um todo, apresente-a na forma de uma pergunta: "Você já parou para pensar que uma greve prolongada pode levar a empresa à falência e aí todos nós perderemos o emprego?" ou "Você está ciente das graves consequências com as quais nós dois teremos de arcar se não resolvermos este problema?". Se o outro lado não tinha pensado nas consequências ou as havia subestimado, ele agora pode ver o real atrativo de sua ponte dourada.

"O que você acha que eu farei?" Se você acha que o outro lado pode estar subestimando a força da sua Batna, pergunte: "Se não conseguirmos chegar a um acordo, o que você acha que eu farei para satisfazer meus interesses?" ou "O que você me aconselha a fazer?". Um chefe pode perguntar a um funcionário que tem faltado muito no trabalho: "O que você espera que eu faça se você continuar faltando tanto?" ou "O que *você* faria se um funcionário seu faltasse ao trabalho e você não conseguisse concluir um projeto importante?". Se preferir não colocar a pergunta em termos tão pessoais, mencione o grupo que você está representando na negociação. Um líder sindical pode perguntar ao negociador da empresa: "Como você acha que os funcionários reagirão se perderem o seguro-saúde? O que você acha que eles farão?".

Se você foi ameaçado pelo oponente, pergunte como ele acha que você vai reagir se ele levar a ameaça adiante: "Sim, é verdade que nada impede vocês de entrar em greve, mas, se fizerem isso, o que esperam que façamos? Vocês acham que vamos ficar esperando de braços cruzados?". Use perguntas para mostrar que você não é tão vulnerável às ameaças quanto ele pode acreditar e que ninguém vai sair ganhando com a sua reação. "Temos seis meses de estoque e podemos manter a empresa funcionando só com o pessoal administrativo. Uma greve com certeza vai nos prejudicar, mas os maiores prejudicados serão os trabalhadores. O que nós dois temos a ganhar com isso?" Mostre que, se você informasse a ameaça ao grupo que representa, o tiro poderia sair pela culatra: "Se eu levar essa proposta aos membros do conselho, eles vão achar que estão sendo chantageados, e vai ser mais difícil negociar com eles".

"O que você fará?" Se você acha que o outro lado está superestimando a Batna dele, questione-o: "O que você pensa em fazer se não chegarmos a um acordo? Qual será o custo dessa decisão? Será que você sairia com seus interesses satisfeitos?". É natural ele tentar mostrar que tem uma Batna mais forte do que ela realmente é, portanto sonde um pouco para expor os pontos negativos da melhor alternativa dele: "Sim, você até poderia entrar com um processo judicial, mas quanto tempo isso levaria? E as custas legais? E, mesmo se você achar que está certo, o que impediria um juiz de discordar?".

Advirta, não ameace

Apenas fazer perguntas pode não ser suficiente para instruir o outro lado sobre as consequências de não chegar a um acordo. Nesse caso, o próximo passo é dizer diretamente o que acontecerá. Antes de abandonar as negociações e prosseguir com sua Batna, informe o oponente sobre o que você pretende fazer. A ideia é dar-lhe uma chance de reconsiderar a decisão de não negociar. Uma advertência como essa pode acabar sendo melhor do que usar sua Batna, já que sua melhor alternativa pode parecer mais ameaçadora ao oponente do que de fato é. Contudo, tome cuidado para não ameaçar o oponente. Uma ameaça pode facilmente sair pela culatra, e o oponente pode achar que você está tentando testar o poder e a reputação dele. Com isso, ele pode intensificar ainda mais o conflito. Uma ameaça direta também tende a unir o grupo dele contra você. As diferenças internas são deixadas de lado e todos unem as forças para lutar contra você, o inimigo em comum.

Como informar o outro lado sobre sua Batna para trazê-lo de volta à negociação em vez de empurrá-lo ao campo de batalha? A ideia é revelar sua Batna como uma *advertência*, não como uma ameaça. À primeira vista, uma advertência pode não parecer muito diferente de uma ameaça, já que as duas informam as consequências negativas de não se chegar a um acordo. Mas há uma distinção importante, apesar de sutil, entre as duas: uma ameaça soa subjetiva e conflituosa, ao passo que uma advertência soa objetiva e respeitosa.

Uma ameaça é um anúncio da sua intenção de infligir dor, prejuízo ou punição ao outro lado. É uma promessa negativa. Já uma advertência é um aviso prévio de perigo. Uma ameaça soa como algo que você *fará* com ele caso ele não concorde. Já uma advertência soa como algo que *acontecerá* se vocês não chegarem a um acordo. Em outras palavras, uma advertência cria uma distância entre você e sua Batna. Ela mostra de forma objetiva as consequências de não se chegar a um acordo, como se fossem resultado da situação em si. É mais fácil para seu oponente se ajustar à realidade objetiva do que achar que está recuando pessoalmente diante de uma ameaça.

Enquanto uma ameaça é um tipo de confronto, uma advertência demonstra respeito. Apresente a informação usando um tom neutro e deixe o outro lado decidir. Quanto mais a advertência implicar consequências negativas, mais respeito você precisará demonstrar.

Uma ameaça seria dizer ao teimoso gerente de produção de uma fábrica: "Se você não concordar em aumentar a produção, vou ter que levar o problema ao presidente". O gerente da fábrica provavelmente reagirá dizendo: "Quem você pensa que é, me dizendo como administrar minha fábrica?". Ele pode se enfurecer, e você pode acabar arrastado a uma briga corporativa. Já uma advertência seria dizer ao gerente algo como: "Se a cota de produção que acordamos não for cumprida, nossa empresa vai sair prejudicada, e o presidente vai ficar no nosso pé". Com essa postura, você tem mais chances de convencer o gerente a voltar à negociação para tentar resolver o problema com você.

Em algumas situações, talvez você tenha de impor um prazo para forçar uma decisão. Um prazo arbitrário, porém, pode ser interpretado como uma ameaça. É melhor incorporar prazos "naturais", que atuariam como advertências objetivas. Você pode usar a data de decisão do orçamento do próximo ano, a reunião trimestral do conselho de administração, um comunicado à imprensa que precisa ser anunciado, ou a proximidade do feriado de Natal. Essas datas parecem estar fora do seu controle e, portanto, são mais fáceis de aceitar.

Demonstre sua Batna

Se o outro lado ignorar sua advertência, você vai precisar dar o próximo passo: demonstrar sua Batna para deixar claro que você realmente tem poder. Uma demonstração revela seus planos sem que você necessariamente tenha que cumpri-los. O outro lado é instruído com um custo mínimo para você e sem grandes prejuízos para ele.

No Japão, por exemplo, os trabalhadores muitas vezes fazem uma "greve" enquanto continuam trabalhando. Eles usam braçadeiras pretas para demonstrar seu descontentamento à empresa. As braçadeiras também servem como um lembrete do poder que os funcionários têm sobre o futuro da empresa. Essas greves simbólicas são surpreendentemente eficazes em convencer a empresa a levar a sério a insatisfação dos trabalhadores.

Se sua Batna for abrir um processo judicial, você pode demonstrá-la envolvendo um advogado na negociação. Uma associação de bairro queria convencer a prefeitura a construir passagens subterrâneas em vez de viadutos e contratou um famoso advogado para acompanhar seu representante ao apresentar a petição à prefeitura. Nenhuma palavra foi dita sobre a possibilidade de a associação levar o problema ao tribunal, mas a mensagem foi entendida. A prefeitura decidiu reverter sua decisão original.

Para demonstrar sua Batna, você pode simplesmente abandonar as negociações. Mas tome muito cuidado ao usar essa tática. A ideia não é blefar, mas sim transmitir ao outro lado um sinal claro de que você está falando sério sobre recorrer à sua Batna. Ao dar as costas à negociação, você não precisa sair batendo a porta. Basta dizer: "Sinto muito, mas me parece que, do jeito como estamos negociando, vai ser difícil chegar a um resultado construtivo. Estou aberto a negociar quando você estiver. Fique com meu cartão e me dê uma ligada quando estiver pronto. Enquanto isso, acho que vou ter de recorrer a outras alternativas". Deixe a porta aberta para o outro lado ligar para você, para seu chefe ligar para o chefe do oponente ou para um terceiro retomar as negociações.

Outra maneira de demonstrar sua Batna é preparar-se para utilizá-la de modo que o outro lado fique sabendo de seus preparativos. Vejamos a situação de uma loja de departamentos de alto padrão que tinha uma política empregatícia discriminatória, contratando funcionários de grupos minoritários só para fazer os serviços mais humildes.[3] Uma organização comunitária protestou, mas a loja se recusou a negociar. A organização mobilizou três mil compradores pertencentes a grupos minoritários e planejou levá-los de ônibus à loja, usando suas melhores roupas, em um dos dias mais movimentados do comércio. Os compradores passariam horas na loja, mantendo os vendedores ocupados. Os clientes entrariam, dariam uma olhada na confusão e sairiam. Os líderes da organização comunitária incluíram nas sessões de planejamento uma pessoa que eles sabiam que informaria o plano para a administração da loja. Assim que a loja ficou sabendo do plano, enviou um representante para negociar com a organização e concordou rapidamente em contratar um número considerável de vendedores e executivos de grupos minoritários.

Lembre-se de que o poder, assim como a beleza, está nos olhos de quem vê. Para que sua Batna tenha o efeito instrutivo pretendido de trazer o outro lado de volta à negociação, ele precisa se impressionar com a realidade.

Use sua Batna para neutralizar a reação do oponente

Se o oponente continuar se recusando a negociar, você não tem escolha a não ser usar sua Batna. Os trabalhadores insatisfeitos entrariam em greve. A associação do bairro entraria com uma ação judicial contra a prefeitura. A organização comunitária levaria sua excursão de compras à loja de departamentos. O diretor de marketing pediria ao presidente para forçar a fábrica a aumentar a produção.

O problema é que exercer abertamente seu poder provavelmente levará o outro lado a reagir, mesmo se isso não fizer sentido. O oponente pode ser tomado pela emoção e ficar cego para os custos da batalha e para os benefícios da negociação. A resistência "irracional" do oponente pode acabar frustrando suas tentativas de instruí-lo pelo uso do poder.

Desse modo, é da máxima importância saber usar bem o seu poder. *Quanto mais poder você usar, mais vai precisar neutralizar a resistência do outro lado.*

Exercite sua Batna sem provocar

O poder pode levar ao abuso. Exercitar seu poder pode facilmente se transformar em uma válvula de escape para seus sentimentos reprimidos de frustração e raiva. Talvez você sinta vontade de obrigar o outro lado a pagar pelos danos e inconvenientes causados. Mas, para cada ação de sua parte, é provável que haja uma reação igual e oposta da parte dele. "Quanto mais brutais forem seus métodos", escreveu *sir* Basil Liddell Hart, um célebre estrategista militar britânico, "mais seus adversários se ressentirão, e o resultado será a intensificação da resistência que você está tentando superar".[4]

Use a menor dose possível de poder. Claro que a melhor opção seria não usar sua Batna de jeito nenhum, mas, caso isso não seja viável, a segunda melhor opção é usá-la o mínimo possível. Use a menor dose de poder que puder para convencer seu oponente a voltar à negociação. Em geral, isso significa esgotar todas as suas alternativas antes de ampliar o uso do poder e intimidar o oponente. No início da crise dos mísseis de Cuba, o presidente Kennedy decidiu não enviar um ataque aéreo contra os mísseis soviéticos em Cuba.[5] A ideia era evitar que o premiê Khrushchev ordenasse um contra-ataque contra as forças americanas em Berlim ou na Turquia, o que, por sua vez, poderia levar à Terceira Guerra Mundial. Para demonstrar seu poder sem correr esse risco, Kennedy primeiro recorreu a um bloqueio naval ao território cubano. A estratégia funcionou, e a crise foi resolvida pela negociação, não pela guerra.

Quanto mais você conseguir dosar sua demonstração de poder, maiores serão as chances de o outro lado ter uma reação menos negativa. Se seu sindicato estiver organizando uma greve, faça uma greve pacífica e impeça os trabalhadores mais acalorados de se envolver em violência física ou sabotagem industrial. Se você for o empregador, pense bem antes de contratar substitutos para os grevistas. Faça o que puder para não provocar o outro lado, lembrando que seu objetivo é trazê-lo à mesa de negociação.

Quando se viu diante de uma rebelião comunista na Malásia, em 1948, o primeiro-ministro britânico Winston Churchill convocou o marechal Templar e o autorizou a fazer o que fosse necessário para suprimir a rebelião. Mas Churchill aconselhou: "Poder absoluto, Templar... Esse tipo de coisa pode subir à cabeça... Use com moderação".[6]

Use meios legítimos. Quanto mais legítimo for seu uso do poder, menores serão as chances de você encontrar resistência e maiores serão as chances de o outro lado aceitar negociar. No caso da loja de departamentos, por exemplo, era perfeitamente legal para pessoas de grupos minoritários comprarem na loja, e a administração não teria como impedir a entrada desses compradores sem gerar uma publicidade negativa sobre a loja e suas políticas de contratação. Na crise dos mísseis de Cuba, o presidente Kennedy optou por usar um bloqueio naval, em grande parte porque acreditava que seria uma maneira mais legítima do que ordenar um ataque aéreo. A legitimidade despersonaliza o uso do poder. Seu oponente terá menos chances de se sentir pessoalmente atacado e será compelido a reagir.

Neutralize os ataques do oponente

O jogo de poder é uma via de mão dupla. O outro lado pode retaliar o seu uso do poder para forçá-lo a aceitar os termos dele. Nesse caso, você precisa se defender. No entanto, um contra-ataque em geral resulta em um confronto inútil. A melhor abordagem é *neutralizar* o ataque do oponente sem revidar.

Se você acha que seu cliente vai querer passar por cima de você para conseguir um acordo melhor, fale com sua chefe antes. Peça para ela encaminhar o cliente de volta a você caso isso aconteça. Quando o cliente fizer a ameaça, você estará preparado: "Fique à vontade para falar com minha chefe. Já conversei com ela a respeito e sei que ela dará a mesma resposta". Sem atacar o cliente, *neutralize* sua tentativa de coagi-lo.

Vejamos o caso de uma relação conturbada entre os administradores de uma mina de carvão e os trabalhadores. Alguém começou a telefonar para a recepção da empresa fazendo ameaças de bomba bem na hora da troca de turnos. A administração era forçada a fechar a mina enquanto uma busca era realizada. Até que alguém teve a ideia de instruir os recepcionistas a gravar as ligações e informar: "Esta ligação está sendo gravada. Como posso ajudar?". A administração reproduziu a gravação da primeira ameaça de bomba para os trabalhadores ouvirem e pediu que eles informassem a empresa caso reconhecessem a voz. Depois disso, o número de ameaças de bomba despencou. Com essa abordagem, os gestores conseguiram neutralizar a tática do oponente.

Em outro exemplo, o líder soviético Joseph Stalin ordenou um bloqueio em Berlim Ocidental em 1948, exigindo que as tropas aliadas deixassem a cidade. As potências ocidentais ponderaram sobre a possibilidade de romper o bloqueio com um comboio armado, mas temiam desencadear a Terceira Guerra Mundial. Em vez disso, optaram por neutralizar o bloqueio, montando uma enorme operação de ponte aérea para abastecer os berlinenses sitiados com alimentos e suprimentos. Percebendo que sua tática não estava funcionando, Stalin suspendeu o bloqueio e concordou em negociar.

Como essas situações ilustram, seu desafio é frustrar o ataque do oponente sem contra-atacá-lo. A ideia não é puni-lo, mas mostrar que ele só pode satisfazer os interesses dele se aceitar negociar com você.

Recorra à "terceira força"

Talvez você não tenha poder suficiente sozinho. Por sorte, quase todas as negociações ocorrem no contexto de uma comunidade mais ampla que constitui uma potencial "terceira força" na negociação. Envolver outras pessoas muitas vezes é a melhor maneira de frustrar os ataques do oponente e chegar a um acordo sem provocar uma reação contrária.

Crie uma coalizão. Independentemente de você estar tentando negociar com um ditador, uma loja de departamentos ou um chefe difícil, é interessante criar uma coalizão poderosa de aliados. Os Estados Unidos se uniram à Grã-Bretanha e à França para resolver a crise de Berlim. A associação do bairro contratou um advogado famoso. A organização comunitária conseguiu mobilizar três mil compradores. Ao identificar possíveis aliados, considere os que têm mais chances de simpatizar com sua causa e apoiá-la: um amigo ou parente de confiança, um cliente de longa data, uma organização que tenha os mesmos objetivos ou alguém que tenha tido problemas semelhantes em relação a seu oponente.

Embora seja natural pensar em recorrer a amigos e aliados, raramente nos lembramos da possibilidade de recorrer aos contatos do oponente – como a família, os amigos, os colegas de trabalho e os clientes dele. O outro lado pode não querer ouvir o que você tem a dizer, mas os aliados dele podem ser mais abertos. E o outro lado pode muito bem ouvir esses aliados se eles forem a favor da negociação. Nas negociações de reféns, por exemplo, a polícia muitas vezes recorre a familiares e amigos do sequestrador para convencê-lo a ser mais sensato. Em casos de sequestros internacionais, nações que possuem vínculos com o grupo de sequestradores costumam ser solicitadas a interceder.

Além de recorrer a seus aliados e aos aliados do oponente, você pode mobilizar os indecisos ou, em outras palavras, as pessoas neutras. Se você estiver negociando com o diretor de outro departamento sobre quem assumirá a liderança em um novo projeto, a pessoa neutra pode ser o presidente. Se você representa uma organização comunitária que está tentando negociar com a prefeitura, pode recorrer à mídia para conseguir coberturas e editoriais de apoio à sua causa.

Use terceiros para impedir ataques. A presença de terceiros pode impedir ameaças ou ataques do oponente. Quando duas crianças discutem, o olhar atento de um dos pais muitas vezes evita que a briga fique violenta. Sabendo que o público está vendo, até um governo ditatorial pode pensar duas vezes antes de usar a violência contra manifestantes.

Vejamos um exemplo extraordinário de negociação. Em 1943, centenas de alemãs casadas com judeus marcharam por mais de uma semana pelas ruas de Berlim.[7] Elas tentavam libertar seus maridos das prisões nazistas, onde eles aguardavam o transporte para as câmaras de gás. Os nazistas apontavam metralhadoras para as mulheres, mas elas não cediam. Elas haviam colocado os nazistas diante de um dilema: libertem os prisioneiros ou usem a violência contra mulheres "arianas", à vista de cidadãos cujo apoio os nazistas queriam preservar acima de tudo. No final, o mais bárbaro dos governos escolheu a primeira opção, e aproximadamente 1.500 judeus foram salvos da morte. As mulheres conseguiram usar sua Batna (protestar na rua) ao mesmo tempo que impediram uma reação negativa (um massacre com metralhadoras) devido à presença de terceiros (o público alemão).

Use terceiros para avançar nas negociações. Os terceiros também podem convencer o oponente a negociar com você. O CEO pode dizer a você e a seu oponente que vocês têm uma semana para resolver o conflito. Um juiz pode chamar o seu advogado e o advogado do oponente e sugerir um acordo extrajudicial. Em algumas situações, o simples fato de saber que um terceiro está de olho na situação basta para convencer o oponente a negociar com você. Um terceiro também pode ajudar a resolver a disputa atuando como um mediador. O mediador pode auxiliar os dois lados a entender os interesses um do outro e sugerir possíveis opções de acordo. Normalmente é mais fácil para o oponente aceitar a solução do mediador do que ceder a você. E, se vocês não estiverem mais se falando, um terceiro pode reuni-los. O mediador pode ser um amigo em comum, o chefe de vocês, um líder comunitário ou um especialista imparcial.

Se o outro lado se recusa a concordar com sua proposta, você pode obter o apoio de outras pessoas para ajudar o oponente a ver que sua proposta é razoável. Considere a abordagem de intervenção mais utilizada para convencer alcoólatras a se tratar.[8] Um alcoólatra, por exemplo, sempre dizia à esposa que iria parar de beber, mas nunca cumpria a promessa. Desesperada, ela decidiu recorrer aos filhos, irmãos, amigos mais íntimos e o chefe do marido. Juntos, eles confrontaram o alcoólatra para convencê-lo a se tratar. Um a um, eles lhe disseram o quanto se importavam com ele e contaram incidentes específicos de direção perigosa, violência pessoal ou comportamento embaraçoso. Juntos, insistiram que ele procurasse ajuda. Para facilitar a decisão, eles já tinham feito uma lista de centros de tratamento e realizado reservas em todos eles. Diante dessa grande manifestação de preocupação e apoio, ele finalmente decidiu aceitar a ajuda de que precisava. A esposa não conseguiu convencê-lo sozinha. Foi preciso a insistência dos amigos, parentes e colegas. Como diz o velho ditado: "Se uma pessoa diz que você tem um rabo, você dá risada. Se três pessoas dizem, você se vira para olhar!".

As pessoas são mais propensas a ajudar quando você demonstra que seus argumentos são válidos. Mostre padrões neutros, como precedentes, preços de mercado, políticas da empresa e a legislação vigente. Normalmente, não basta só estar certo, então mostre que o problema ou o princípio em questão é de alguma forma importante para o terceiro. Se você recorrer a seu chefe, terá mais chances de conquistar apoio se puder mostrar como os interesses pessoais dele ou os da empresa como um todo estão em jogo.

Se o terceiro não se mostrar disposto a ajudar a levar o oponente a um acordo, talvez você precise lhe dar uma razão para se importar com a questão. Vejamos a tática adotada pelos moradores de um prédio de um bairro de periferia.[9] Eles tentavam convencer o proprietário do prédio a consertar o encanamento, mas ele se recusava a atender à solicitação. Diante disso, os inquilinos decidiram fazer uma manifestação. Em vez de fazer a manifestação no bairro ou no local de trabalho do proprietário, eles foram para a casa dele, em um bairro chique da cidade. Em poucos minutos, o telefone do proprietário começou a tocar com reclamações dos vizinhos: "Não interessa como você ganha a vida. Só dê um jeito de tirar essa gente da rua". Como seria de esperar, ele concordou em consertar o encanamento.

Ao recorrer à sua Batna, não ignore o papel que os terceiros podem desempenhar para trazer seu oponente de volta à negociação. Se você exercer seu poder por meio deles, terá menos chances de provocar uma reação negativa do oponente.

Mostre o contraste entre as opções do oponente

Ao instruir o outro lado sobre os custos de não chegar a um acordo, você precisa lembrá-lo continuamente da ponte dourada que construiu para ele. Quando ele se recusa a negociar, seu primeiro impulso é retirar a ponte, ou seja, retirar sua última melhor oferta. Só que, na verdade, o melhor é deixar sua oferta mais generosa sempre à vista sobre a mesa. Nada ajudará mais a reduzir a resistência do que a possibilidade de ter uma boa saída.

Seu poder de levar o outro lado a um acordo resulta não dos custos que você tem como impor, mas do *contraste* entre as consequências de não chegar a um acordo e a atratividade da ponte dourada. Seu trabalho é continuar mostrando o contraste entre essas duas opções até que o outro lado reconheça que a melhor maneira de satisfazer os interesses dele é cruzar a ponte.

Mostre ao oponente que ele tem uma saída

De nada adianta ter poder se você empurra o oponente contra a parede e leva-o a resistir com todas as forças. Uma abordagem clássica é dar uma saída a seu oponente.

As crônicas militares da China antiga[10] relatam a história de um general que cercou um grupo de rebeldes em uma cidade chamada Yuan Wu. Ao se mostrar incapaz de capturar a cidade, o general foi repreendido pelo rei: "Você arregimentou os soldados e cercou o inimigo, que agora está decidido a lutar até a morte. Isso não é estratégia! Você deve levantar o cerco. Mostre que eles têm uma rota de fuga e eles fugirão e se dispersarão. Com isso, qualquer guarda de aldeia conseguirá capturá-los!". O general seguiu o conselho e finalmente conquistou Yuan Wu.

Talvez você presuma que o outro lado saiba da existência de uma saída, mas ele pode achar que essa saída deixou de existir. Um ladrão que fez reféns em um banco pode acreditar que, por ter atirado num policial durante o tiroteio, não tem mais nada a perder com a morte dos reféns. Cabe ao negociador da polícia garantir que o sequestrador ainda tem algo a ganhar se concordar em negociar. Um adolescente que roubou dinheiro dos pais para comprar drogas pode achar que jamais será recebido de volta pela família. Cabe aos pais convencê-lo de que ele pode voltar para casa.

É fácil para o outro lado interpretar sua tentativa de instruí-lo pelo poder como uma tentativa de derrotá-lo. Você precisa garantir o tempo todo que seu objetivo é satisfazer os interesses dos dois, não a sua própria vitória. Em uma negociação para conseguir um aumento salarial, seu chefe pode interpretar a oferta de emprego atraente que você diz ter recebido de outra empresa como uma ameaça de pedir demissão. Você precisará fazer de tudo para tranquilizar seu chefe de que você prefere manter seu emprego atual. *Para cada quilo de poder que utiliza, você precisa adicionar um quilo de conciliação.*

Deixe o oponente escolher

Pode soar um contrassenso, mas, quando parecer que o outro lado está mudando de ideia, é aconselhável recuar e deixar que ele tome a decisão por si só. Respeite a liberdade do oponente de escolher entre as consequências de não chegar a um acordo e a ponte dourada que você construiu para ele. No fim, a decisão deve ser dele. Quando parentes e amigos confrontam um alcoólatra em uma intervenção, eles o incentivam a procurar ajuda e descrevem as consequências de não fazer isso, mas no fim sempre respeitam sua liberdade de escolha.

Não se limite a dar ao outro lado uma decisão excludente, do tipo "ou isso ou aquilo". Deixe que ele ajuste os detalhes. Os parentes e os amigos do alcoólatra podem fazer a mala dele e providenciar uma reserva em um centro de reabilitação, mas deixam que ele escolha pelo menos entre dois centros de tratamento. Isso lhe possibilita sentir que também participou da decisão.

Mesmo que você tenha condições de vencer, negocie

Um resultado imposto é um resultado instável. Ainda que você tenha uma clara vantagem de poder, pense duas vezes antes de buscar a vitória e impor um acordo humilhante ao outro lado. Ele não só resistirá mais como tentará comprometer ou reverter o resultado na primeira oportunidade. No início do século 20, o mundo aprendeu essa lição a um custo enorme. Um acordo de paz imposto depois da Primeira Guerra Mundial entrou em colapso e levou à Segunda Guerra Mundial.

Os resultados mais estáveis e satisfatórios, até para o lado mais forte, costumam ser obtidos por meio da negociação. Benjamin Disraeli, que atuou como primeiro-ministro britânico durante alguns anos do século 19, resumiu essa lição nos seguintes termos: "Além de saber o melhor momento de se beneficiar de uma vantagem, o mais importante é saber quando abrir mão de uma vantagem". No meio de uma disputa de poder, é importantíssimo lembrar-se de que seu objetivo não é a vitória por meio do poder, mas a satisfação dos interesses dos dois lados por meio da negociação.

Veja como uma cidadezinha do Texas tentou negociar com uma grande companhia de petróleo para decidir os impostos que a empresa deveria pagar por uma refinaria de petróleo localizada fora dos limites da cidade. Os cidadãos estavam insatisfeitos porque as escolas eram precárias, as estradas, ruins, e os serviços comunitários, inadequados. A câmara municipal solicitou uma contribuição maior da empresa aos cofres públicos, mas a empresa se recusou a pagar – mesmo sabendo que a taxa tributária era muito mais baixa do que aquela paga pelos cidadãos.

Parecia que os vereadores não tinham nada a fazer. A empresa parecia ter todo o poder na negociação. Sendo uma das maiores corporações do mundo e a maior empregadora da cidade, a empresa contava com a representação de advogados experientes e implacáveis.

Desesperados, os cidadãos se reuniram para decidir o que fazer. Depois de muita discussão, um advogado da cidade apresentou uma proposta inusitada: "A lei estadual permite que a cidade expanda seus limites se contar com a aprovação de três quartos dos residentes. Por que não anexamos o território da refinaria de petróleo? Aplicar a taxa tributária da cidade deve garantir a receita adicional da qual precisamos". A ideia foi adotada, e a cidade realizou um referendo que foi aprovado por uma maioria esmagadora.

A cidade agora tinha uma Batna espetacular. No entanto, os vereadores decidiram *não* colocá-la em prática. Eles não queriam se indispor com a empresa, só queriam que ela assumisse uma parcela mais justa da carga tributária da cidade. Então, quando se reuniram para negociar com os advogados da empresa, disseram: "Reconhecemos tudo o que vocês fazem em benefício da cidade. Não poderíamos sobreviver sem vocês. Mas, como sabem, as pessoas estão muito insatisfeitas com nossas escolas e estradas, e não entendemos por que a empresa não pode pagar o mesmo imposto que todo mundo paga. A lei nos permite anexar o território da refinaria, e, se fizéssemos isso, vocês teriam de pagar a taxa tributária da cidade. Mas preferimos chegar a um acordo mais alinhado com os interesses de vocês".

Os vereadores, então, passaram a discutir opções que beneficiariam ambos os lados sem que a empresa tivesse de pagar toda a taxa tributária que seria devida caso o terreno da refinaria fosse anexado à cidade. Ofereceram incentivos fiscais para investimentos futuros na refinaria, sabendo que isso melhoraria a economia da cidade. Cientes da campanha da empresa que buscava atrair fornecedores para moradias perto da refinaria, os vereadores ainda ofereceram uma isenção fiscal temporária de cinco anos para novas empresas. Em resumo, construíram uma ponte dourada para a empresa.

Diante disso, o que a empresa poderia fazer? O referendo impossibilitou que a empresa ignorasse as necessidades da cidade. A Batna da empresa (transferir a refinaria para outra cidade) sairia caro demais. Naturalmente, nada impedia a empresa de retaliar, reduzindo as operações e cancelando suas contribuições para instituições beneficentes locais. Mas os vereadores não queriam só dinheiro; a cidade estava de fato enfrentando uma grave crise financeira. Os vereadores neutralizaram a reação da empresa ao fazer de tudo para não impor uma solução e ao buscar satisfazer os interesses da empresa.

No fim, a cidade e a empresa chegaram a um acordo. A empresa concordou em aumentar sua contribuição fiscal anual de 300 mil dólares para 2,3 milhões de dólares. Em vez de se desgastar, as relações entre a cidade e a empresa melhoraram.

Elabore um acordo duradouro

Se conseguir fazer o outro lado cruzar a ponte dourada, você terá um último desafio: transformar a disposição do oponente de negociar em um acordo robusto e duradouro.

Mantenha a implantação em mente

Chegar ao acordo é uma coisa; implantar o acordo é outra totalmente diferente. O outro lado pode deixar de cumprir os termos combinados. Um cliente inadimplente pode prometer: "Providenciarei o pagamento amanhã mesmo". Um empresário falido pode declarar: "Fique tranquilo que enviarei os produtos no máximo até a semana que vem". Porém, será que é recomendável confiar nas promessas do outro lado?

Você precisa elaborar um acordo que induza o outro lado a manter as promessas feitas – e que o proteja caso as promessas não sejam cumpridas. Você não precisa ser desconfiado. Aja *independentemente* da confiança.

Ajuste o acordo para minimizar seus riscos. Não pense que, se o acordo não for cumprido, você pode simplesmente levar a questão a uma decisão judicial. Um processo pode ser demorado e custoso. Se tiver razões para acreditar que o oponente talvez não seja confiável, estruture o acordo para que você só tenha de cumprir sua parte depois que ele cumprir a dele. Se você for um comprador, pode deixar para pagar depois de receber os produtos ou serviços prometidos. Se acabou de fechar uma venda para um cliente inconstante, evite acumular muito estoque contando com ele. Espere para ver se ele é um bom pagador.

Para se proteger ainda mais, você pode incluir garantias no contrato. Se alguém lhe prometer comprar sua casa ou empresa, não confie às cegas nessa promessa. Peça um depósito não reembolsável para ele se comprometer com a compra. Se você receber uma oferta de emprego, mas não sentir muita firmeza na companhia, proponha uma cláusula contratual do "paraquedas dourado", especificando que você receberá uma restituição caso a empresa feche as portas ou você seja demitido.

Para dificultar que o oponente volte atrás, envolva outras pessoas. Peça que o contrato também seja assinado por indivíduos com autoridade do outro lado. Convide pessoas ou instituições que seu oponente considera importantes para atuar como testemunhas do acordo. Anuncie abertamente o combinado.

Não permita que o outro lado trate suas dúvidas como um ataque pessoal. Se a pessoa disser "Confie em mim", você pode responder "É claro que confio em você" e explicar que sua exigência não passa de uma prática-padrão na sua empresa: "Tenho certeza de que vai dar tudo certo com este acordo, mas meu advogado insiste em incluir essas garantias". Ou, caso seu futuro empregador insista que um aperto de mãos e uma promessa verbal de lhe dar um paraquedas dourado são suficientes, diga: "Você tem toda a razão e confio totalmente na sua palavra. Mas acho que seria interessante documentar isso de algum jeito, para o caso de você ser promovido e alguém que desconhece nosso acordo entrar em seu lugar".

Inclua um procedimento de resolução de disputas. As garantias lhe proporcionam um *último* recurso caso o oponente viole o contrato, mas não lhe dão um *primeiro* recurso.

Para isso, você precisa estabelecer de antemão um procedimento de resolução de disputas. O contrato deve explicitar exatamente o que acontecerá se um dos lados achar que o outro está deixando de cumprir os termos do acordo.

Um procedimento típico de resolução de disputas pode especificar que vocês primeiro tentarão negociar para resolver as diferenças.[11] Se, após trinta dias, não conseguirem chegar a um acordo, será contratado um mediador. Se esse mediador não tiver sucesso em trinta dias, a disputa será encaminhada a uma arbitragem legal a ser conduzida por um terceiro, escolhido pelos dois lados. Companhias petrolíferas prestes a firmar uma *joint venture* criam comitês de parceria para lidar com eventuais divergências. Se os dois lados continuarem a discordar, dois executivos seniores, um de cada empresa, tentam mediar um acordo. Só quando esse recurso falha é que as empresas recorrem à arbitragem. É interessante considerar a inclusão de um procedimento de resolução de disputas em todos os contratos que fizer.

Reforce o relacionamento

Uma negociação difícil pode rapidamente prejudicar o relacionamento entre vocês. Se o outro lado sair ressentido da negociação, pode ter dificuldade de vender a ideia ao grupo que ele representa ou de implantar o acordo. Ele pode até seguir o acordo ao pé da letra, mas sem muito entusiasmo.

É do seu interesse que o outro lado fique o mais satisfeito possível ao fim da negociação. Você pode até ficar exultante com seu sucesso, mas não cante vitória antes da hora. Na esteira da crise dos mísseis de Cuba, o presidente Kennedy deu instruções rígidas ao pessoal de seu gabinete para que não saíssem se vangloriando.[12] Ele não queria dificultar para o primeiro-ministro Khrushchev justificar para a nação soviética sua decisão de retirar os mísseis.

Seja generoso no final. Resista à tentação de lutar pela última migalha. Como um negociador de reféns profissional explicou, "reservamos um pouco de flexibilidade para o fim porque é bom deixá-los vencer na última rodada. No final das negociações, somos mais flexíveis do que eles esperam porque queremos que pensem que saíram ganhando".[13] A satisfação de seu oponente pode resultar em vários benefícios na implantação do acordo e nas futuras negociações.

Depois de uma negociação difícil, talvez você sinta que nunca mais quer ver a cara do oponente. Mas, considerando que você depende dele para cumprir os termos do acordo, é sensato manter boas relações com ele. Elogios e gestos simbólicos podem ajudar. Se for o caso, providencie uma cerimônia de assinatura do contrato e uma celebração incluindo os dois lados. Consulte regularmente o outro lado para ver se ele acha que você está mantendo o seu lado do trato. E resolva prontamente quaisquer problemas que ele levantar. A melhor garantia de um acordo duradouro é uma boa relação entre vocês.

Busque a satisfação mútua, não a vitória

O famoso estrategista militar prussiano Karl von Clausewitz via a guerra como uma outra forma de fazer política com o outro lado. Da mesma forma, você deve tratar o poder como uma outra forma de negociar em busca da resolução de problemas. Tudo depende disso. Você tem por objetivo a satisfação mútua, não a vitória. Você usa o poder para instruir, não para lutar. Você informa o outro lado das consequências de não chegar a um acordo fazendo perguntas para que ele enxergue a real situação, usando advertências em vez de ameaças e, se necessário, dando demonstrações do seu poder.

Se tiver de usar sua Batna, você usa a menor dose de poder possível para conduzir o outro lado de volta à negociação. Você exercita sua Batna sem provocar o outro lado e neutraliza os ataques do oponente sem contra-atacar. Você se empenha em neutralizar a reação do outro lado para que ele não transforme seu uso do poder em uma batalha dispendiosa e fútil.

Você lembra continuamente o outro lado de que a ponte dourada está aberta para ele. Você não tenta impor uma solução, mas ajuda o oponente a tomar a melhor decisão para ele... e para você. Em resumo, você usa seu poder para instruir, não para intimidar o outro lado.

CONCLUSÃO
COMO TRANSFORMAR OS OPONENTES EM PARCEIROS

Há uma história de um homem que faleceu e deixou dezessete camelos para seus três filhos. Ele deixou metade dos camelos para o primogênito, um terço para o filho do meio e um nono para o caçula. Os três começaram a dividir a herança, mas se viram incapazes de negociar uma solução, simplesmente porque dezessete não é um número divisível por dois, três ou nove. Diante desse dilema, os filhos foram consultar uma velha sábia. Depois de ponderar sobre o problema, a sábia disse: "Fiquem com um camelo *meu* e vejam o que acontece". Com isso, os filhos ficaram com dezoito camelos. O filho mais velho pegou sua metade, nove camelos. O filho do meio pegou um terço, seis camelos. E o filho mais novo pegou um nono, dois camelos. Nove mais seis mais dois totalizam dezessete camelos. Eles ficaram com um camelo sobrando, que devolveram à velha sábia.

Como o dilema dos dezessete camelos, as negociações podem parecer impossíveis. Como a velha sábia, você precisará se distanciar um pouco da negociação, olhar para o problema de um ângulo diferente e encontrar um 18º camelo.

A estratégia para superar barreiras pode ser seu 18º camelo. Essa abordagem lhe permite "subir ao camarote" e enxergar a negociação difícil de uma nova perspectiva. Você avança contornando a resistência do oponente, aproximando-se indiretamente dele e surpreendendo-o com gestos inesperados. O tema deste livro é tratar seu oponente com respeito – não como um objeto a ser movido, mas como uma pessoa a ser persuadida. Em vez de tentar pressionar diretamente o outro lado a mudar de ideia, você muda o contexto no qual ele toma as decisões. Você deixa que ele tire as próprias conclusões e faça as próprias escolhas. *Seu objetivo não é conquistar a vitória, mas conquistar o apoio do oponente.*

Para atingir esse objetivo, você precisa resistir aos impulsos naturais de todo ser humano e fazer o contrário do que naturalmente faria. Você deve refrear seus impulsos quando tiver vontade de revidar, ouvir quando tiver vontade de falar, fazer perguntas quando quiser dar respostas ao oponente, fazer a ponte entre as diferenças de vocês quando tiver a tentação de pressionar o oponente para satisfazer seus próprios interesses e instruir quando tiver o impulso de intimidar o oponente.

Não é fácil negociar para superar barreiras. Os melhores negociadores são pacientes e persistentes. Normalmente, você só consegue progredir aos poucos. Mas pequenos avanços podem resultar em um grande avanço. No fim, até as negociações que antes pareciam impossíveis podem levar a um acordo mutuamente satisfatório.

Para ilustrar como os cinco passos da estratégia complementam-se uns aos outros, vejamos dois exemplos bem diferentes: uma negociação com um empregador para conseguir um aumento e uma negociação com um sequestrador armado a fim de libertar os reféns.

Uma negociação salarial

Vejamos um exemplo de uma negociação difícil para conseguir um aumento de salário:

> FUNCIONÁRIA: Sr. Pierce, posso falar um minuto com o senhor?
>
> EMPREGADOR: Se for sobre aquele aumento, Elizabeth, não perca seu tempo. A resposta é não.
>
> FUNCIONÁRIA: Mas eu nem pedi nada ainda.
>
> EMPREGADOR: Nem precisa pedir. Não temos verba para isso.
>
> FUNCIONÁRIA: Mas já faz um ano e meio desde que recebi o último aumento.
>
> EMPREGADOR: Você não ouviu o que eu acabei de dizer? Não temos verba para isso. Deu para entender?

Vejamos como essa conversa poderia se desenrolar. O ciclo de ação e reação poderia ou levar a funcionária a ceder ou gerar uma discussão destrutiva, terminando com a demissão da funcionária. Uma alternativa seria a funcionária contar até dez para refrear seus impulsos. No camarote, ela lembraria que tem interesse em conseguir o aumento, mas também quer manter um bom relacionamento com o chefe difícil. Em vez de entrar em uma discussão com ele, ela faz o contrário e passa para o lado dele:

> FUNCIONÁRIA: Entendo que estamos com um orçamento muito apertado e que a empresa está sob uma enorme pressão. Não estou pedindo que o senhor tire dinheiro do orçamento para me dar um aumento.

> EMPREGADOR: Como assim?

> FUNCIONÁRIA: Não quero colocar o senhor em uma situação difícil. Sei que está fazendo o possível por todos nós nestes tempos de crise.

> EMPREGADOR: É isso mesmo. Eu gostaria de ter o dinheiro, mas simplesmente não tenho... Então, o que exatamente você quer?

> FUNCIONÁRIA: Eu só gostaria de alguns minutos, quando o senhor tiver um tempinho, para falar sobre meu desempenho, como eu poderia melhorar, e o que eu poderia esperar em troca, sabendo que não temos verba para um aumento agora.

> EMPREGADOR: Bem, acho que não custa nada falar. Volte amanhã às 10, mas lembre que um aumento está fora de questão.

A funcionária ainda não conseguiu um acordo sobre o aumento, mas neutralizou parte da resistência do chefe. Ela criou um clima mais positivo no qual eles podem começar a negociar. Vejamos o que acontece na próxima reunião:

FUNCIONÁRIA: Muito obrigada por abrir um tempo na sua agenda para mim. Estive pensando no que o senhor disse sobre o orçamento apertado da empresa. Queria saber se posso fazer alguma coisa para ajudar a empresa a economizar, assumindo mais responsabilidades no trabalho...

EMPREGADOR: Bem, é uma pergunta interessante. Vamos ver...

Em vez de rejeitar a posição do chefe em relação ao aumento, a funcionária mudou a perspectiva e direcionou-o a uma conversa sobre como satisfazer seu interesse de cortar custos. Só depois disso é que a funcionária volta a levantar a possibilidade de um aumento:

FUNCIONÁRIA: Sei que um aumento agora está fora de questão, mas e se eu puder ajudar a empresa a cortar custos? Será que poderíamos pensar em alguma forma de me recompensar por isso? Sem estourar o orçamento, é claro.

EMPREGADOR: Não sei se isso vai dar certo.

FUNCIONÁRIA: E se combinássemos um bônus, dependendo dos custos que eu conseguir cortar?

Com essa proposta, eles se aproximam de um acordo que satisfará às necessidades dos dois. A funcionária construiu uma ponte dourada para o chefe. Se ainda assim ele continuar resistindo, talvez seja necessário que ela o informe de sua Batna – no caso, a outra oferta de trabalho que ela recebeu. Se ela quer ficar na empresa e manter um bom relacionamento com o chefe, precisa evitar provocações:

FUNCIONÁRIA: Sr. Pierce, eu gostaria de lhe pedir um conselho. Eu gosto muito de trabalhar aqui e preferiria

Conclusão 207

continuar na empresa, mas está sendo muito difícil para mim pagar a faculdade dos meus filhos com o que eu ganho hoje. Recebi uma oferta de emprego que resolveria essa dificuldade, mas para mim o ideal seria continuar trabalhando aqui. Será que poderíamos resolver isso juntos?

Essa abordagem pode abrir os olhos do empregador para a possibilidade de perder uma valiosa colaboradora e pode tornar a ponte dourada mais interessante. Se a negociação com esse empregador lhe pareceu fácil demais, vejamos como a estratégia para superar barreiras foi aplicada em uma das situações mais difíceis que se pode imaginar: uma negociação com um sequestrador armado para liberar os reféns.

Uma negociação de reféns[1]

Na manhã do dia 14 de outubro de 1982, uma quinta-feira, dezenas de policiais convergiram para o segundo maior centro médico dos Estados Unidos, o Hospital Kings County, no bairro do Brooklyn, em Nova York. Larry Van Dyke, um presidiário armado, havia se trancado no vestiário com seis funcionários do hospital. Van Dyke, que estava no hospital para retirar o gesso de um braço quebrado, pegou a arma do agente penitenciário que o acompanhava, atirou nele e tentou fugir. Encurralado pela polícia, Van Dyke pegou funcionários como reféns. Quase imediatamente um deles foi solto e instruído a informar à polícia: "Se eu não sair daqui em segurança, vou começar a matar gente".

Se o incidente tivesse ocorrido uma década antes, a polícia provavelmente teria usado a força. "Nos velhos tempos", lembrou um capitão da polícia, "a gente teria cercado o local, dado uma advertência, lançado gás lacrimogêneo, vestido algum tipo de colete à prova de balas e enfrentado o sujeito em um tiroteio".

Em vez de travar combate, porém, a polícia decidiu negociar. O tenente-detetive Robert J. Louden, um experiente negociador de reféns, iniciou um diálogo com Van Dyke falando através da porta trancada do vestiário: "E aí, tudo bem? Meu nome é Bob e vim ver o que está acontecendo. Quero ajudar a resolver esse problema para a gente conseguir sair dessa situação. Qual é o seu nome?".

Van Dyke respondeu: "Meu nome é Larry Van Dyke e estou com um monte de gente aqui. Eu não tenho nada a perder. Não vou voltar para a cadeia. Vocês têm trinta minutos para me deixar sair em liberdade".

Louden não rejeitou a exigência nem o prazo, mas mudou a perspectiva para falar em termos de possibilidades: "Vou ver o que posso fazer. Vou consultar o pessoal aqui e retorno assim que puder. Essas coisas levam tempo, você sabe. E não tenho como tomar essa decisão. Enquanto isso, tem alguma coisa que *eu* possa fazer por você?". Louden estava tentando redirecionar a atenção de Van Dyke para metas possíveis.

Enquanto Louden falava, havia outro negociador atrás dele, dando apoio. O papel do segundo negociador era sugerir perguntas a Louden, transmitir mensagens e ajudá-lo a manter o equilíbrio emocional. Era uma forma de Louden subir ao camarote.

Van Dyke avisou que, se a polícia tentasse invadir, ele mataria os reféns. Louden garantiu que a polícia não o machucaria. "Você sabe que a gente não faz esse tipo de coisa", o detetive informou. "Em dez anos, ninguém jamais foi ferido. Nós não chegamos arrombando portas. Não é como nos filmes." O advogado de Van Dyke tranquilizou seu cliente: "Larry, ninguém vai machucar você. Em trezentos casos, a unidade de negociação de reféns nunca feriu ninguém".

Van Dyke ameaçou sair do vestiário com os reféns. Louden aconselhou: "Larry, é melhor você ficar aí. Nós não temos como entrar, e a polícia cercou o local. Temos muita gente aqui. Não queremos usar a força, mas, se for necessário, vamos ter de usar. Você é um sujeito esperto. Você sabe como a coisa funciona. Vamos ver se conseguimos resolver isso...".

Louden fez perguntas abertas para descobrir o que Van Dyke estava pensando e o que ele queria: "Como é que você foi se enfiar nessa situação? Como podemos resolver isso?". Van Dyke pôs-se a reclamar da corrupção e da violência dos agentes do sistema penitenciário estadual. Louden ouviu, mostrando-se receptivo ao usar expressões como "Sei bem como você se sente", "Já ouvi outras pessoas dizendo isso" e "Foi importante você ter mencionado isso. Vamos investigar essas alegações de corrupção". Ele estava tentando criar afinidade com Van Dyke, reconhecendo os pontos de vista dele e concordando sempre que possível. Em outras palavras, Louden passou para o lado de Van Dyke.

Van Dyke exigiu falar com Bella English, uma repórter do *Daily News* que ele admirava. Louden concordou em ajudar a encontrá-la e convenceu Van Dyke a aceitar um rádio para facilitar a comunicação.

Passo a passo, o detetive foi fazendo progressos. Bella English foi levada ao local em um helicóptero da polícia. "Queremos que você fale com ele pelo rádio", Louden instruiu, "mas evite usar termos negativos, como 'refém' ou 'cadeia'".

English se apresentou a Van Dyke e perguntou por que ele queria falar com ela. "Porque você é uma repórter honesta", foi a resposta. Ele disse que estava cumprindo 25 anos de prisão – podendo chegar a prisão perpétua – por acusações de roubo. Orientada por Louden, English tentou tranquilizar Van Dyke de que as coisas não eram necessariamente assim. Pouco tempo depois, ele concordou em soltar um refém assim que recebesse travesseiros, cobertores e café. Às 16h15, o refém foi libertado.

Quatro horas depois, Van Dyke concordou em soltar outro refém se a estação de rádio WOR permitisse a English relatar as queixas dele sobre as condições do sistema prisional estadual. Alguns minutos depois da transmissão, Van Dyke libertou o terceiro refém. "Muito bem", Van Dyke disse a English, "você acabou de salvar uma vida". "Não", English retrucou, "foi *você* quem acabou de salvar uma vida".

Van Dyke, então, concordou em libertar um quarto refém se a WABC-TV transmitisse uma mensagem ao vivo no noticiário das 11 da noite. A estação de TV atendeu à solicitação da polícia. No ar, o refém libertado transmitiu uma mensagem de amor de Van Dyke à esposa e disse que, se a polícia não tentasse nada, ninguém sairia ferido.

Conclusão   211

No entanto, pouco depois da meia-noite, o humor de Van Dyke mudou. A polícia o ouviu ameaçando um refém: "Fique de joelhos, velho! Estou com uma arma na cabeça dele. Não quero machucar ninguém, mas, se eles me tratam mal, vou tratá-los mal também". Van Dyke tentou botar a culpa em Louden: "Está demorando demais. Vou matar essa gente, e a culpa vai ser sua".

Mas Louden não assumiu a culpa: "Nada disso, Larry. Estamos aqui para ajudar. Estamos juntos nessa. Mas, se você fizer isso, a culpa não vai ser nossa. Vai ser sua. Vamos ver se podemos resolver isso". Louden sempre buscava redirecionar a atenção de volta para o problema.

Na sexta-feira de manhã, as tensões aumentaram. Van Dyke tinha pedido para ler os jornais do dia e ficou furioso quando viu relatos de que ele tinha sido acusado de delatar outros detentos. "Eles pisaram na bola comigo!", exclamou, furioso. "Estão dizendo que dedurei presos e guardas. Guardas, tudo bem. Meus parceiros, não." Ele disse que tinha sido forçado por agentes penitenciários a delatar outros agentes que estavam envolvidos no tráfico de drogas e afirmou que ele seria morto se fosse levado de volta à prisão.

Louden tentou acalmar Van Dyke, lembrando sua necessidade de ficar em segurança: "Sei que você não é um informante. Quem disse isso estava errado. A imprensa toda está aqui me ouvindo dizer isso. Vou ver o que posso fazer para você não ter de voltar à penitenciária *estadual*".

Louden entrou em contato com diretores de presídios federais e de outros presídios estaduais para ver a possibilidade de uma transferência. A tensão começou a se dissipar quando Mike Borum, vice-comissário de presídios estaduais, chegou para dizer a Van Dyke que tentaria providenciar uma transferência. Van Dyke disse a seu primo, um agente penitenciário que fora levado ao local: "Estou pensando em me entregar. Eles me ofereceram um bom acordo". Louden tinha construído uma ponte dourada para Van Dyke poder recuar.

Van Dyke concordou em libertar o quinto refém se a WABC-TV e a rádio WINS concordassem em transmitir a libertação ao vivo e deixar Van Dyke contar seu lado da história. No ar, ele reclamou das condições dos presídios estaduais: "Eu fui espancado. Fui enganado".

Quatro horas depois, Van Dyke ficou irritado, insistindo que não queria voltar para a cadeia. Ele disse a Louden: "Eu não tenho nada a perder. Vamos brincar de roleta-russa aqui". Louden passou a noite tentando tranquilizá-lo.

No início da manhã de sábado, Van Dyke finalmente concordou em libertar o último refém em troca da cobertura da imprensa e da promessa de Borum de que ele seria transferido. Às 8 da manhã, Louden pôde informar a Van Dyke que Borum estava na WABC-TV comprometendo-se em público com a transferência. Vinte e cinco minutos depois, o último refém foi libertado. Às 8h30, Van Dyke se rendeu. Sua solicitação de falar com a imprensa foi atendida. "Eu não sou louco", ele declarou. "Só sou um cara normal que estava tentando viver em liberdade… Eu fui pego. E agora estou aqui." Em seguida, ele foi levado a um centro de detenção federal de Manhattan.

Conclusão   213

Depois de 47 horas, um dos mais prolongados e dramáticos incidentes com reféns da história da cidade de Nova York tinha chegado ao fim. "Sinceramente, eu não teria aguentado muito tempo mais", disse Louden, rouco e exausto.

O desfecho foi uma vitória para a polícia, que conseguiu garantir a libertação dos reféns, impediu um derramamento de sangue e levou o criminoso de volta à prisão. Louden disse que ele e sua equipe conseguiram convencer Van Dyke a desistir "tentando conquistar a confiança dele, tentando mostrar que podíamos tratar um ao outro como seres humanos e nos ajudar a sair bem daquela situação".

Van Dyke não conquistou sua liberdade, mas foi transferido para uma prisão federal. Depois de sua rendição, fez à polícia o maior elogio que eles poderiam esperar: "Eles foram justos comigo", disse ele.

Assim como os melhores generais nunca precisam lutar, a polícia não precisou usar a força. Eles usaram seu poder não para atacar Van Dyke, mas para conter os impulsos dele e mostrar que a melhor alternativa que ele tinha era se entregar pacificamente. Eles o ajudaram a pensar racionalmente sem usar a força.

Os cinco passos da negociação para superar barreiras

Independentemente de você estar negociando com seu chefe, um sequestrador ou seu filho adolescente, os princípios básicos continuam os mesmos. Em resumo, os cinco passos da negociação para superar barreiras são:

1. Suba ao camarote. O primeiro passo não é controlar o comportamento do oponente. É controlar o seu próprio comportamento. Quando o outro lado disser não ou atacar, você pode ser pego de surpresa e reagir cedendo ou contra-atacando. Portanto, contenha sua reação imediata, identificando as táticas que o oponente está usando. Em seguida, ganhe tempo para pensar. Use esse tempo para refletir sobre seus interesses e sua Batna. Durante toda a negociação, mantenha os olhos no prêmio. Em vez de se enfurecer ou revidar, concentre-se em conseguir o que você quer. Não reaja: suba ao camarote.

2. Passe para o lado do oponente. Antes de poder negociar, você precisa criar um clima propício à negociação. É necessário neutralizar a raiva, o medo, a hostilidade e a desconfiança do outro lado. Ele espera que você ataque ou resista. Então, faça o contrário. Ouça o que ele tem a dizer, reconheça os argumentos e concorde com ele sempre que puder. Reconheça a autoridade e a competência dele. Não discuta: passe para o lado do oponente.

3. Mude a perspectiva. O próximo desafio é mudar o jogo. Quando o outro lado assume uma posição inflexível, você pode ter o impulso de rejeitá-la, mas isso normalmente só levará o oponente a defender a própria posição com mais empenho. O melhor é direcionar a atenção dele para o desafio de satisfazer os interesses dos dois lados. Aceite o que ele disser e mude a perspectiva para tentar resolver o problema. Faça perguntas focadas na resolução de problemas, por exemplo, "Por que você quer isso?", "O que você faria se estivesse no meu lugar?" ou "E se

Conclusão   215

fizéssemos...?". Em vez de tentar ensinar o oponente, deixe que o problema seja o professor. Também dê um jeito de redirecionar as táticas dele, contornando as muralhas, neutralizando os ataques e expondo os truques do outro lado. Não rejeite: mude a perspectiva.

4. Construa uma ponte dourada. Finalmente, você está pronto para negociar. No entanto, o outro lado pode empacar, ainda não convencido dos benefícios do acordo. Você pode ter o impulso de forçar a barra e insistir, mas isso provavelmente só levará o oponente a defender a própria posição e resistir. O melhor é fazer o contrário: conduza-o à direção para a qual você gostaria que ele fosse. Pense em si mesmo como um mediador cujo trabalho é facilitar para o oponente dizer sim. Envolva-o no processo, incorporando as ideias dele. Tente identificar e satisfazer os interesses dele, especialmente as necessidades básicas de todo ser humano. Ajude-o a manter as aparências e faça com que o resultado pareça uma vitória para ele. Vá devagar para ir rápido. Não force: construa uma ponte dourada.

5. Use o poder para instruir. Se o outro lado continuar resistindo, pensando que pode vencer sem negociar, você precisa instruí-lo para mostrar que não é o caso. Você precisa dificultar para ele dizer não. Nada impede que você use ameaças ou a força, mas essas abordagens costumam sair pela culatra. Se você empurrá-lo contra a parede, ele provavelmente vai atacar, investindo ainda mais na batalha. O melhor é instruí-lo sobre os custos de não chegar a um acordo. Faça perguntas para ajudá-lo a ver a real situação, use advertências em vez de ameaças e demonstre sua Batna.

Só use sua Batna se necessário e minimize a resistência do oponente, contendo seus próprios impulsos e mostrando que seu objetivo é os dois saírem satisfeitos, não um sair vitorioso sobre o outro. Mostre que a ponte dourada está sempre aberta. Não intimide: use o poder para instruir.

De adversários a parceiros

Se um não quer, dois não brigam, mas basta um para gerar uma situação difícil. Você tem em mãos o poder de transformar até mesmo seus relacionamentos mais difíceis. Seu maior poder é o de mudar o jogo: do confronto direto à resolução conjunta de problemas. No caminho, você encontrará barreiras gigantescas: suas próprias reações, as emoções hostis do oponente, as tentativas do oponente de defender uma posição, a insatisfação do oponente e o poder que ele acha que tem. Você pode superar essas barreiras usando a negociação. Não precisa aceitar um não como resposta.

Durante a Guerra Civil Americana, Abraham Lincoln fez um discurso em que incluiu comentários positivos sobre os rebeldes do Sul.[2] Uma senhora de idade, defensora ferrenha dos estados do Norte, censurou-o por falar bem de seus inimigos quando deveria estar pensando em destruí-los. A resposta de Lincoln foi clássica: "Como assim, senhora?", ele replicou. "Será que eu não destruo meus inimigos quando os torno meus amigos?"

A estratégia para superar barreiras foi criada para fazer exatamente isso: "destruir" seus adversários ao transformá-los em parceiros de negociação.

Conclusão 217

APÊNDICE
PLANILHA DE PREPARAÇÃO*

INTERESSES	
Meus	Do oponente
1.	1.
2.	2.
3.	3.

OPÇÕES	
1.	4.
2.	5.
3.	6.

PADRÕES	
1.	4.
2.	5.
3.	6.

BATNA	
Minha	Do oponente

PROPOSTAS		
Ideal	Satisfatória	Aceitável

---

* Para uma versão on-line dessa planilha, acesse http://somos.in/ SON1.

AGRADECIMENTOS

Enquanto trabalhava nos sucessivos manuscritos deste livro, muitas vezes me senti como o tenor de ópera cujo *grand finale* é saudado com gritos entusiasmados de *"Encore! Encore!"*. Depois do quinto *encore*, o tenor pergunta à plateia: "Quantas vezes mais vocês querem que eu cante?". Ao que a plateia responde: "Até você cantar direito!".

Meu público tem se mostrado igualmente exigente. Sou profundamente grato pelos comentários e sugestões de todas as pessoas que leram meus manuscritos, incluindo Linda Antone, James Botkin, William Breslin, Nancy Buck, Stephen Goldberg, Richard Haass, Deborah Kolb, Linda Lane, David Lax, Martin Linsky, David Mitchell, Bruce Patton, John Pfeiffer, John Richardson, Carol Rinzler, Jeffrey Rubin, James Sebenius, Dayle Spencer, William Spencer, Daniel Stern, Douglas Stone, Elizabeth Ury e Janice Ury.

Também gostaria de mencionar minha enorme gratidão ao Programa de Negociação da Faculdade de Direito de Harvard. Por mais de uma década, meus colegas de Harvard me proporcionaram um estímulo intelectual espetacular e um enorme companheirismo. Minhas ideias sobre negociação foram criadas e testadas nos seminários e nas acaloradas conversas sob o teto hospitaleiro do Programa.

Meu colega Roger Fisher me apresentou ao campo da negociação mais de quinze anos atrás e foi um mentor mais do que generoso. Escrevemos dois livros juntos, sendo que o segundo foi o *Como chegar ao sim*. Minha gratidão a Roger é tão grande que só pode ser devidamente reconhecida na dedicatória.

Outro amigo e colega de Harvard, Ronald Heifetz, me permitiu usar sua expressão evocativa "subir ao camarote", uma metáfora para a atitude de se distanciar um pouco a fim de obter uma melhor perspectiva da situação.

Eu também gostaria de agradecer a duas assistentes de pesquisa fora de série. Sarah Jefferys e Annette Sassi vasculharam as bibliotecas de Harvard em busca de livros e artigos relevantes, coletando incansavelmente exemplos de negociação. Como se isso não bastasse, Annette ainda deixou muitos comentários perspicazes enquanto lia o manuscrito.

No decorrer de todo o processo, minha assistente Sheryl Gamble se mostrou infatigável, trabalhando horas a fio para me ajudar a cumprir os prazos da editora. Com seu eterno bom humor, ela administrou sucessivas crises e manteve meu escritório sob controle.

Sem meu agente, Raphael Sagalyn, este livro poderia nem ter existido. Ele me encorajou a priorizar o trabalho neste livro, fez sugestões brilhantes e me abriu as portas para a editora Bantam Books.

A excelente equipe da Bantam melhorou muito este livro. Foi um privilégio trabalhar com Genevieve Young, a editora espetacular que se dedicou a me orientar e me encorajar ao longo dos intermináveis manuscritos. Danelle McCafferty, minha editora de texto, aplicou todo o seu conhecimento e experiência ao último manuscrito e me animou a chegar à reta final. Betsy Cenedella contribuiu com uma meticulosa preparação do texto.

Gostaria de concluir com uma nota pessoal. Pouco antes de começar a escrever este livro, tive a enorme sorte de conhecer Elizabeth Sherwood. Mal sabia eu que ela vinha de uma família de editores determinados e dedicados. Dorothy, Richard e Benjamin Sherwood deixaram sua marca em cada versão do livro com habilidade e experiência. Elizabeth leu o livro em voz alta comigo do começo ao fim, me ajudando a enxugar o texto e a esclarecer as ideias. Minha maior dívida é com ela: seu amor e apoio me ajudaram a superar o não.

WILLIAM URY
Santa Fé, Novo México
Janeiro de 1991

ÍNDICE ANALÍTICO

I. PREPARE-SE

Apresentação: Supere as barreiras à cooperação
A resolução conjunta de problemas
As cinco barreiras à cooperação
    Sua reação
    As emoções do oponente
    A posição do oponente
    A insatisfação do oponente
    O poder do oponente
A estratégia para superar barreiras

Prólogo: A importância da preparação
Mapeando o caminho rumo ao acordo
    1. Interesses
        Descubra seus interesses
        Descubra os interesses do oponente
    2. Opções
    3. Padrões
    4. Alternativas
        Identifique sua Batna
        Melhore sua Batna

Decida se vale a pena negociar
Identifique a Batna do oponente
5. Propostas
O que seria o ideal para você?
Com o que você se contentaria?
O que seria minimamente satisfatório?
Ensaie
Prepare-se para navegar

II. USE A ESTRATÉGIA PARA SUPERAR BARREIRAS

1. Não reaja: Suba ao camarote
Três reações naturais
Revidar
Ceder
Romper o relacionamento
Os perigos de reagir
Suba ao camarote
Dê um nome às táticas
Três tipos de táticas
Muralhas
Ataques
Truques
Reconheça a tática
Saiba o que o tira do sério
Ganhe tempo para pensar
Faça uma pausa e não diga nada
"Volte a fita"
Faça um intervalo
Não tome decisões importantes de imediato
Não se enfureça nem tente revidar; consiga o que quer

2. Não discuta: Passe para o lado do oponente
Pratique a escuta ativa
Seja a plateia do oponente
Parafraseie e peça correções
Reconheça o ponto de vista da outra parte
Reconheça os sentimentos da outra parte
Peça desculpas

Índice analítico 225

Demonstre confiança
Concorde sempre que puder
Concorde sem fazer concessões
Acumule "sins"
Sintonize-se na frequência do oponente
Reconheça a pessoa
Reconheça a autoridade e a competência do outro lado
Crie um bom relacionamento
Expresse seu ponto de vista, mas sem provocar
Não diga "mas", diga "sim... e"
Formule frases com "eu", e não com "você"
Defenda-se
Reconheça as diferenças com otimismo
Crie um clima favorável para a negociação

3. Não rejeite: Mude a perspectiva
Para mudar o jogo, mude a perspectiva
Faça perguntas para resolver problemas
Pergunte "por quê?"
Pergunte "por que não?"
Pergunte "e se?"
Peça o conselho do oponente
Pergunte "por que isso é justo?"
Faça perguntas abertas
Use o poder do silêncio
Reformule as táticas
Contorne as muralhas
Ignore a muralha
Reinterprete a muralha como uma meta
Leve a muralha a sério, mas não deixe de testá-la
Neutralize os ataques
Ignore o ataque
Reinterprete um ataque pessoal como um ataque
ao problema
Reinterprete um ataque pessoal como um gesto amigável
Redirecione os erros do passado para futuras soluções
Transforme o "você" e o "eu" em "nós"
Exponha os truques
Faça perguntas de esclarecimento
Faça um pedido razoável

Transforme o truque em uma vantagem
Negocie as regras do jogo
Mencione o comportamento
Negocie a negociação
O momento decisivo

4. Não force: Construa uma ponte dourada

Obstáculos ao acordo
Não foi ideia dele
Interesses não atendidos
Medo de ser desacreditado
Muita coisa, rápido demais
Construa uma ponte dourada
Envolva o outro lado
Peça sugestões e baseie-se no que ouviu
Peça uma crítica construtiva
Dê uma escolha ao oponente
Satisfaça interesses não atendidos
Não presuma que o oponente é irracional
Não ignore as necessidades básicas de todo ser humano
Não presuma que o tamanho da torta é fixo
Procure trocas de baixo custo e alto benefício
Use uma abordagem do tipo "se-então"
Ajude o oponente a manter as aparências
Ajude-o a recuar sem ceder
Mostre como as circunstâncias mudaram
Peça a opinião de um terceiro
Mostre um padrão de justiça
Ajude o oponente a escrever o discurso de vitória
Vá devagar para ir rápido
Guie o oponente a cada passo do caminho
Deixe para fechar o acordo no fim da negociação
Não corra para cruzar a linha de chegada
Do outro lado da ponte

5. Não intimide: Use o poder para instruir

Use o poder para instruir

Explique as consequências

Faça perguntas para ajudar o oponente a ver a real situação

"O que você acha que vai acontecer se não chegarmos a um acordo?"

"O que você acha que eu farei?"

"O que você fará?"

Advirta, não ameace

Demonstre sua Batna

Use sua Batna para neutralizar a reação do oponente

Exercite sua Batna sem provocar

Use a menor dose possível de poder

Use meios legítimos

Neutralize os ataques do oponente

Recorra à "terceira força"

Crie uma coalizão

Use terceiros para impedir ataques

Use terceiros para avançar nas negociações

Mostre o contraste entre as opções do oponente

Mostre ao oponente que ele tem uma saída

Deixe o oponente escolher

Mesmo que você tenha condições de vencer, negocie

Elabore um acordo duradouro

Mantenha a implantação em mente

Ajuste o acordo para minimizar seus riscos

Inclua um procedimento de resolução de disputas

Reforce o relacionamento

Busque a satisfação mútua, não a vitória

Conclusão: Como transformar os oponentes em parceiros

Uma negociação salarial

Uma negociação de reféns

Os cinco passos da negociação para superar barreiras

1. Suba ao camarote

2. Passe para o lado do oponente

3. Mude a perspectiva

4. Construa uma ponte dourada

5. Use o poder para instruir

De adversários a parceiros

NOTAS

Prólogo

1. As ideias apresentadas nesta seção (interesses, opções, padrões e alternativas) foram retiradas de *Getting to Yes*, de Roger Fisher e William Ury (Boston: Houghton Mifflin, 1981). [Ed. brasileira: *Como chegar ao sim*. Rio de Janeiro: Sextante, 2018]. Para uma explicação mais completa, consulte os capítulos 3, 4, 5 e 6.

2. O termo Batna foi extraído de Roger Fisher e William Ury, *op. cit.*

1. Não reaja: Suba ao camarote

1. Devo a expressão "subir ao camarote" a meu amigo Ronald Heifetz, que a utiliza em seus cursos de liderança na Faculdade de Administração Pública John F. Kennedy, em Harvard.

2. Para uma boa explicação sobre como identificar mentiras, veja Paul Ekman, *Telling Lies* (Nova York: Norton, 1985) e Suzette Haden Elgin, *Success with the Gentle Art of Verbal Self-Defense* (Englewood Cliffs, Nova Jersey: Prentice Hall, 1989), p. 28-29.

3. Sergei Khrushchev, conversa pessoal com o autor, fev. 1989.

4. Citado em "When Bad Bosses Happen to Good People", Jane Ciabattari, *Working Woman*, jul. 1989, p. 88-89.

5. Este exemplo foi adaptado de uma história contada pelo roteirista e humorista Larry Gelbart, citada no excelente livro de Carol Tavris, *Anger: The Misunderstood Emotion* (Nova York: Simon & Schuster, 1982), p. 149-150.

2. Não discuta: Passe para o lado do oponente

1. Fortune de Felice, "Negotiations or the Art of Negotiating". In: I. William Zartman (ed.), *The 50% Solution* (New Haven: Yale University Press, 1976), p. 56.

2. Este relato foi extraído de uma conversa pessoal com um executivo da AT&T, outono 1985.

3. André Gide, *Le Traité du Narcisse*, 1891.

4. Este exemplo foi extraído do excelente estudo de caso de William F. Whyte, *Pattern for Industrial Peace* (Nova York: Harper, 1951), p. 87-88 e p. 182-183.

5. Este exemplo foi extraído de anotações que fiz na ocasião.

6. K. Hegland, "Why Teach Trial Advocacy?: An Essay on Never Ask Why". In: "Humanistic Education", monografia III, J. Himmelstein e H. Lesnick (eds.) (Nova York: Columbia University School of Education), p. 69.

7. Este caso foi citado em dr. Julius Segal, *Winning Life's Toughest Battles: Roots of Human Resilience* (Nova York: Ivy Books, 1986), p. 41.

8. Devo este exemplo a Elizabeth Sherwood.

9. Devo este exemplo a Pedro Freyre.

10. Para saber mais sobre a importância de espelhar a orientação sensorial do interlocutor, veja as obras de John Grinder e Richard Bandler, como *Frogs into Princes* (Moab, Utah: Real People Press, 1979). [Ed. brasileira: *Sapos em príncipes*. São Paulo: Summus, 1982.]

11. Para uma excelente discussão de como essa abordagem se aplica a pais e filhos, veja dr. Thomas Gordon, *P.E.T.: Parent Effectiveness Training* (Nova York: Plume, 1975), p. 115-138.

12. Haim G. Ginott, *Between Parent and Child* (Nova York: Avon, 1956), p. 138.

3. Não rejeite: Mude a perspectiva

1. Este exemplo foi extraído de uma conversa com Joseph R. Biden Jr., maio 1983.
2. Victor Kiam, *Going for It! How to Succeed as an Entrepreneur* (Nova York: William Morrow, 1986), p. 178.
3. E. C. "Mike" Ackerman, conversa pessoal com o autor, outono 1987.
4. Clifton Fadiman (ed.), *The Little, Brown Book of Anecdotes* (Boston: Little, Brown, 1985), p. 222.

4. Não force: Construa uma ponte dourada

1. Este relato foi extraído da biografia de Al Neuharth, *Confessions of an S.O.B.* (Nova York: Doubleday, 1989).
2. Steven Spielberg, citado in *Time*, 15 jul. 1985. Sou grato a Arthur Kanegis por me apresentar este exemplo.
3. Francis Walder, *The Negotiators* (Nova York: McDowell, Obolensky, 1959), p. 12.
4. Fortune de Felice, *op. cit.*, p. 57.
5. Relato de Edward Lustig.
6. Este relato foi extraído de uma conversa pessoal com um executivo da Campbell, outono 1983.
7. Ackerman, *op. cit.*
8. Para uma boa explicação de técnicas de negociação de reféns, veja G. Dwayne Fuselier, "A practical overview of hostage negotiation", *FBI Law Enforcement Bulletin*, vol. 50, jul. 1981.
9. Fadiman, *op. cit.*, p. 129.
10. Sou grato a Joseph Haubenhofer por me contar esta história.
11. Fadiman, *op. cit.*, p. 171.
12. Devo esta expressão a Michael Doyle e David Straus. Eles a utilizam em seu inovador livro *Making Meetings Work* (Nova York: Playboy Press, 1976).
13. Charles W. Thayer, *Diplomat* (Nova York: Harper, 1959), p. 90-91.

5. Não intimide: Use o poder para instruir

1. Sun Tzu, *The Art of War*, tradução de Samuel B. Griffith (Oxford, England: Oxford University Press, 1963). [Ed. brasileira: *A arte da guerra*. Porto Alegre: LP&M, 2006.]

2. Lee Iacocca e William Novak, *Iacocca: An Autobiography* (Nova York: Bantam, 1984), p. 218-219. [Ed. brasileira: *Iacocca, uma autobiografia*. São Paulo: Cultura, 1985.]

3. Este exemplo foi extraído de Saul D. Alinsky, *Rules for Radicals* (Nova York: Vintage Books, 1972), p. 146-147.

4. Basil Liddell Hart, *Strategy* (Nova York: Signet, 1974), p. 357.

5. Para um excelente relato do processo decisório do presidente durante a crise, veja Graham T. Allison, *Essence of Decision* (Boston: Little, Brown, 1971) e Robert F. Kennedy, *Thirteen Days: A Memoir of the Cuban Missile Crisis* (Nova York: W. W. Norton, 1969).

6. Sou grato ao embaixador Jamsheed Marker, que me contou este caso sobre Churchill.

7. Este incidente foi descrito na tese de doutorado de Nathan Stoltzfus, da Universidade Harvard. Para uma breve descrição da manifestação, veja Nathan Stoltzfus, "The Women's Rosenstrasse Protest in Nazi Berlin", in *Nonviolent Sanctions* (inverno 1989/90), p. 3.

8. Para mais detalhes sobre a técnica de intervenção, veja Vernon E. Johnson, *Intervention* (Minneapolis: Johnson Institute Books, 1986).

9. Alinsky, *op. cit.*, p. 144.

10. Sun Tzu, *op. cit.*, p. 79.

11. Para uma explicação dos procedimentos de resolução de disputas, veja William L. Ury, Jeanne M. Brett e Stephen B. Goldberg, *Getting Disputes Resolved* (San Francisco: Jossey-Bass, 1988).

12. Veja Robert F. Kennedy, *op. cit.*, p. 105-106.

13. Ackerman, *op. cit.*

Conclusão

1. Este relato foi extraído de descrições de jornais e de uma entrevista pessoal com o tenente-detetive Robert J. Louden, então aposentado, em 8 fev. 1991.

2. Fadiman, *op. cit.*, p. 360.